Landhaus- & Bauerngärten

Landhaus- & Bauerngärten

Dr. Wolfgang Hensel

KOSMOS

Inhalt

Landhausgärten 74

Ländlicher Garten 98

Der Anfang

Als ein jungsteinzeitlicher Mensch vor vielen tausend Jahren zum ersten Mal ein Stückchen Land einzäunte und bepflanzte, legte er damit den ersten Bauerngarten der Geschichte an. Selbstverständlich hieß er damals noch nicht so – streng genommen war es nicht einmal ein „Garten" – und doch wies dieser jungsteinzeitliche Urgarten bereits wesentliche Merkmale eines Bauerngartens auf: Es war räumlich begrenzt, durch eine Umfriedung eindeutig von der wilden Natur abgesondert, wurde aktiv und gezielt bepflanzt und diente damit den Interessen der Menschen. Außerdem musste er regelmäßig gepflegt werden, um nicht wieder zu verwildern.

Für einen Bauern-, Cottage oder Landhausgarten unserer Zeit wäre das selbstverständlich zu wenig. Gartenbesitzer haben heute viel breitere technische und gestalterische Möglichkeiten. In der Tat dürfte jeder seine ganz persönliche Vorstellung von einem perfekten Garten ländlichen Stils haben. Bauerngärten und ihre Spielarten sind emotional belegt; sie existieren zunächst als Idee, als „Bild im Kopf", in dem viel romantische Vorstellung von einem Leben im Grünen mitschwingt. Wer einen Bauern-, Cottage- oder Landhausgarten anlegt, möchte darin seine Idealvorstellung vom ländlich-bäuerlichen Leben in die Realität umsetzen. Er muss die Familie nicht mehr wie einst mit Gemüse (und Fleisch) aus dem Garten versorgen, aber er könnte es. Das Verhältnis von Nutz- und Zierpflanzen bestimmt darüber, wie weit sich der Gartenbesitzer auf das Abenteuer Selbstversorgung einlassen möchte: Von Gemüsebeeten mit geometrischem Wegkreuz, über einen locker und bunt bepflanzten Cottage- oder Landhausgarten bis hin zum „normalen" Garten mit wenigen Elementen ländlichen Charakters, beispielsweise Kräuterspirale, Spalierobst oder rustikalen Gefäßen mit Erdbeeren oder Gewürzkräutern.

Letztlich sollte der fertige Garten dem Traumbild seines Besitzers so nahe wie möglich kommen. Welches Etikett er seinem Garten dann aufklebt – Bauern-, Cottage- oder Landhausgarten – ist unerheblich, so lange er sich darin wohl fühlt.

Die Gliederung des Buches folgt der historischen Entstehung der Gärten, da die jüngeren Gartentypen stets Gestaltungselemente ihrer Vorgänger aufgriffen. So kann im Landhausgarten ein Gartenraum hinter einer Hecke als traditioneller Bauerngarten, ein anderer als typisches Blumenbeet im Stil eines Cottage-Gartens gestaltet werden. Behandeln Sie die beschrieben Elemente ruhig als Versatzstücke, die – eine kreative Gliederung vorausgesetzt – auch in anderen Gärten ihren Platz finden.

Vorbilder

Der Blick zurück, auf die Vorbilder in der Vergangenheit, ist mehr als rückwärts gewandte, pure Nostalgie. Historische Gärten waren und sind erfolgreiche Versuche, gedankliche Konzepte in physische Form zu gießen – wir können nur daraus lernen.

Das Nebeneinander von Nutz- und Zierpflanzen in üppiger Fülle macht den nostalgischen Charme eines Bauerngartens aus.

Die wenigen literarischen Texte und Bilder aus der Frühgeschichte – eine der ältesten Gartenabbildungen stammt aus einem ägyptischen Grab – erzählen nur von den Gärten der Reichen und Mächtigen. Später, aus der römischen Antike, sind zwar umfangreiche Quellen erhalten, doch auch die Wandbilder, Schriften und Ausgrabungen erwecken vor allem die Landgüter (*villa rustica*) zum Leben, in die sich wohlhabende Römer zurückzogen. Obwohl die Sehnsucht nach dem „einfachen" Landleben groß war, stellten diese römischen Gärten üppig ausgestattete „Lustgärten" im großen Stil dar. Viele berühmte Schriftsteller haben sich in Büchern über Gartengestaltung und -bepflanzung verewigt – die Arbeit erledigten ihre Sklaven.

Bauerngärten

Die eigentlichen Vorläufer der Bauerngärten erscheinen im Mittelalter (Cottage- und Landhausgärten sind deutlich jünger) und lassen sich drei Entwicklungslinien zuordnen:

Capitulare. Um die Wende des 8. zum 9. Jhs. erließ Karl der Große eine kurze aber detaillierte Richtlinie über den Betrieb der Staatsdomänen, das *Capitulare de villis vel curtis imperii.* Neben Anweisungen zur Verwaltung, Landwirtschaft und Tierzucht sind darin auch etwa 100 Arten Obstbäume, Gemüse und Kräuter aufgeführt, die in den Domänen angepflanzt werden sollten. Viele davon wachsen noch heute wie selbstverständlich im Bauerngarten.

Mönchsgärten. Etwas später, auf das erste Drittel des 9. Jhs., datiert der Plan eines mittelalterlichen Benediktinerklosters, der in der Bibliothek des Klosters Sankt Gallen aufbewahrt wird. Auf dem Plan taucht zum ersten Mal das Wegekreuz auf, das so typisch für die späteren Bauerngärten werden sollte. Es nimmt allerdings nur eine geringe Fläche ein: im Kreuzgang, nicht in den verschiedenen Gärten. Für Heilkräuter, Gemüse und Obstbäume („Baumgarten" auf dem Friedhof) sind jeweils eigene Bereiche vorgesehen, in denen die Pflanzen in abgetrennten Beeten wachsen. Die Heilpflanzen hat der Benediktinermönch Walafrid Strabo, der Abt des Klosters Reichenau, in einem ausführlichen Lehrgedicht beschrieben. Sie wuchsen, jede für sich, in acht schmalen, rechteckigen Beeten und in einer rund um die Beete verlaufenden Rabatte.

Profane Gärten. In Ritterepen des Mittelalters erscheinen Gärten als fantastische Orte, in denen Ritter Kämpfe mit Magiern und Feen ausfechten, aber auch Liebesabenteuer (*jardin d'amour*) erleben. Andererseits zeigen viele Buchmalereien mystische „Paradiesgärtlein" als umfriedete Gärten (*hortus conclusus*) mit einer blühenden Rasenfläche, in denen sich Heilige aufhalten, meist auch die Jungfrau Maria. Die darin wachsenden Blumen haben allegorische Bedeutung (Lilien, Rosen). Wenn man so will, verkörperten die Paradiesgärtlein den Traum vom idealen Garten.

Ordnung und Symmetrie bestimmten den Charakter formaler, herrschaftlicher Nutzgärten.

Ob ein rustikal-verspielter Lattenzaun, über den sich ein blühender Obstbaum neigt…

…oder ein Sitzplatz neben dem Rosenstrauch. Cottage-Gärten verkörpern den Traum vom ländlichen Leben.

Während die realen Gärten der Reichen und Mächtigen sehr großzügig und üppig nach einem geometrischen Grundplan angelegt waren, fielen die Burggärten zwangsläufig bescheidener aus. Sie lehnten sich bei der Pflanzenauswahl an die Mönchsgärten an. Hier wie in den großen Gärten fehlte allerdings nie die Rasenbank zur Kontemplation und Betrachtung des Gartens.

Die im gesamten Reichsgebiet verteilten Klosteranlagen übten vermutlich den stärksten Einfluss auf die Entwicklung der bäuerlichen Gärten auf. In vielen Regionen wurde die Kreuzform als Grundriss direkt übernommen, zumindest jedoch die Gliederung der Gärten in einzelne Beete. Die Auswahl der Pflanzen ging – mit regional unterschiedlichen Nutzpflanzen – auf die Anweisungen des Capitulare und der Mönchsgärten zurück. Persönlichkeiten wie Hildegard von Bingen oder Albertus Magnus prägten mit ihren Schriften Auswahl und Anwendung von Heilkräutern. Die in Freilichtmuseen rekonstruierten Bauerngärten lassen solche historischen Anlagen wieder auferstehen.

Der Einfluss der höfisch-ritterlichen Gärten blieb zwar geringer, doch das Prinzip der Rasenbank findet sich auch als Sitz unter einer Laube in vielen Bauerngärten wieder.

Cottage gardens

Die historischen Cottages der elisabethanischen Zeit (16. Jh.) waren kleine Häuser einfacher Landarbeiter. Den Familien blieb nichts anderes übrig, als für ihren Lebensunterhalt auf der freien Fläche um das Haus Nutzpflanzen zu ziehen und Tiere zu halten. Der Übergang zum typischen *Cottage garden*, wie wir ihn heute verstehen, ist keine direkte historische Weiterentwicklung dieser Landarbeitergärten, sondern war mit einem Bedeutungswandel verbunden. Solche Cottages und ihre Gärten kamen erst in der zweiten Hälfte des 18. Jhs. auf. Heute würde man sagen, sie waren typische „Lifestyle-Gärten" wohlhabender Engländer, gedacht als Gegenbewegung zu den weiten Landschaftsparks der Herrenhäuser und regelmäßigen Zierbeeten städtischer Parks. Wer sich ein Cottage baute und einen entsprechenden Garten einrichtete, hatte genügend Geld, um seine Lebensmittel zu kaufen. Der Cottage Garten sollte den Haushalt nicht mit Gemüse und Kräutern vorsorgen, sondern er gab seinem Besitzer das Gefühl, „ländlich" zu leben. Entsprechend lag der

Die Gartenbank im Sissinghurst-Design vor einer sauber getrimmten Eibenhecke – auch Kübel dürfen nicht fehlen – verleiht dem Garten das Flair eines großen Landhauses.

Schwerpunkt der Bepflanzung auf üppig blühenden, möglichst natürlich wirkenden Stauden und Wildkräutern; ein paar Nutzpflanzen fanden aber durchaus ihren Platz. Die Cottage Gärten beschworen ein bäuerliches Leben herauf, das die Bauern so nie geführt hatten.

Landhausgärten

Die Landhausgärten, eigentlich nur eine mögliche deutsche Übersetzung von „Cottage Garden", die in jüngster Zeit immer beliebter werden, sind historisch nicht zu verorten. Im Wesentlichen handelt es sich um Gartenanlagen, die Elemente der Bauern- und Cottage-Gärten in sich vereinen – Gärten unserer Zeit eben, die das ländlich-üppig-idyllisch-charmante Flair der alten Gärten mit naturnah-ökologischen Aspekten zu verschmelzen versuchen. Gestalterisch gehen im Landhausgarten die formalen, geometrisch angelegten Beete und Wege der Bauerngärten eine Ehe mit den verspielten Formen der Cottage-Gärten ein.

Welcher Garten passt zu mir? Entscheidungshilfen

Sicher kann man mit dem Spaten in der Hand seinen Garten spontan „aus dem Bauch heraus" anlegen, doch mit einer gründlichen Planung erspart man sich spätere Enttäuschungen. Fehler zu beseitigen kostet Zeit, Mühe und Geld – und nicht zu vergessen, Übergangslösungen haben ein zähes Leben!

Vermutlich dürften die Wenigsten, die mit dem Gedanken spielen, einen Bauerngarten & Co. anzulegen, die Komplettversorgung ihrer Familie mit Obst, Gemüse und Salat im Auge haben. Nach einer groben Schätzung beansprucht das Gemüse für eine vierköpfige Familie eine Beetfläche von etwa 150 m². Bei der üblichen Größe eines städtischen Gartens wären diese 10 × 15 m für Nutzpflanzen, ohne Rasen, Blumen und Ziersträucher nur selten realisierbar – hinzu käme intensive Gartenarbeit vom Vorfrühling bis in den Herbst.

Bauern-, Cottage- und Landhausgärten sind vielmehr realisierte Träume von einem Garten, in dem der romantische, nostalgische Charme vergangener Zeiten in die Gegenwart übertragen wird. Nicht der Nutzen steht im Vordergrund – obwohl die Ernte sicher eine Rolle spielt – sondern der Wunsch, sich in genau diesem Gartentyp wohl zu fühlen und entspannen zu können. Damit die Realisierung dieses Traumes nicht in einem Albtraum endet, zunächst ein paar Vorüberlegungen:

Wie viel Stil darf's denn sein?

Die erste Entscheidung ist grundsätzlicher Art: Soll die gesamte Gartenfläche „stilrein" in einen Bauern-, Cottage- oder Landhausgarten verwandelt werden oder wäre ein „normaler" Garten mit Elementen des jeweiligen Typs angemessener? Der Reiz eines stilreinen Gartens entfaltet sich in seiner Betrachtung, wenn man den Lohn seiner Arbeit von einer Laube oder einer Gartenbank aus genießt und sich an der Schönheit des Gartens, am Zusammenklang der Bestandteile mit allen Sinnen erfreut.

Natürlich sind stilreine Gärten äußerst attraktiv, schränken den Gartenbesitzer aber auch ein. Wer einen Familiengarten plant, in dem die Kinder spielen und toben dürfen, wäre mit Wegekreuz und sauber

Gärten in der Übersicht

Bauerngarten: 50–70 m² Platzbedarf – Form festgelegt, geometrisch, formal – viel Arbeit (Saat bis Ernte) – viele Nutzpflanzen, wenige Blumen – kein Rasen.

Cottage-Garten: 40–60 m² Platzbedarf – Form flexibel, informell, frei – viel Arbeit (Blumenbeete) – viele Blumen, wenige bis keine Nutzpflanzen – wenig bis kein Rasen.

Landhausgarten: 50–70 m² Platzbedarf (möglichst aber mehr), Form sehr flexibel, formal bis informell, großzügig – Arbeit je nach Gestaltung – viele Blumen, wenige bis keine Nutzpflanzen – Rasen möglich.

Ländlich geprägter Garten: Einzelelemente mit 3–5 m² Platzbedarf – Form sehr flexibel – Arbeit je nach Gestaltung – Anteile an Blumen, Rasen und Nutzpflanzen je nach Wunsch des Gärtners – Rasen möglich

Der Sitzplatz vor dem Rankgitter markiert das Ende der Wegachse, während die überbordenden Beete die Augen zum Schweifen verleiten.

Das Pflaster macht das Wegekreuz zum Gestaltungselement; innere und äußere Hecken bilden den formalen Rahmen für die Pflanzen.

beschnittenen Buchsbaumhecken oder den flächendeckenden Blumenbeeten eines Cottage-Gartens schlecht beraten. Als Familiengarten ist ein Landhausgarten mit viel Rasen oder ein üblicher Garten mit nostalgisch-ländlichen Elementen besser geeignet. Landhausgärten sind ohnehin die flexibelste Lösung stilreiner Gärten, da sie auch schrittweise, durch Hinzufügen einzelner Elemente, aus einem normalen Garten umgestaltet werden können. Dagegen legen formale Bauerngärten den Gartenbesitzer sehr stark auf den Typus fest. Sie erfordern eine konsequente Planung und sind, einmal angelegt, nur mit größerem Aufwand wieder zu ändern. Ein Cottage Garten mit viel Blumen und wenig bis keinem Rasen verkörpert den Charme des ländlichen Lebens am besten, doch die Pflege der üppigen Blumenpracht erfordert viel Arbeit – sie wäre daher keine gute Idee für Gärtner, die sich auf die Liege im Garten freuen.

Platzbedarf

Ein formaler Bauerngarten mit vier Beeten, Wegekreuz, Begrenzungshecken und Beeteinfassung benötigt etwa 50–70 m^2 Platz (vier Beete, dazu Wege, Hecken und Randgestaltung), würde also fast den gesamten Platz in einem 8–10 m breiten Reihenhausgarten einnehmen. Innerhalb eines größeren Grundstücks ließe er sich als eigenständiger Gartenraum abgrenzen. Er ist der Gartentyp, in dem die Nutzpflanzen den größten Raum einnehmen. Der Cottage-Garten kommt mit einer geringeren Fläche aus und lässt sich dank freier Beetformen besser in vorhandene Gartengrundstücke integrieren. Allerdings dürfen die einzelnen Beete nicht zu klein sein, sonst litte der Eindruck der Fülle (je Beet mindestens 4–5 m^2). Das Gleiche gilt auch für den Landhausgarten, der zudem eine gewisse Großzügigkeit ausstrahlen sollte. Er kommt daher auf einer größeren Fläche besser zur Geltung, weil er vom Kontrast formaler und informeller Abschnitte lebt und eine innere Gliederung braucht. Selbstverständlich gibt es für die Fläche jedes Gartentyps keinerlei Obergrenzen.

Tiere im Garten

Für manche Gartenbesitzer gehören Tiere zu einem ländlichen Gartenidyll. Tiere sind aber keine „Gestaltungselemente". Sie stellen eigene Ansprüche und erfordern zusätzlichen Arbeitsaufwand. Die Hühner und Gänse, die im Bilderbuch-Bauernhof auf dem Hof scharren, oder das Schäfchen auf der Wiese sehen auf dem Bild hübsch aus, im städtischen Familiengarten wären sie fehl am Platz.

Den wenigsten Platz erfordern Zwergkaninchen, an denen auch Kinder ihre Freude haben. Sie kommen mit einem kleinen Stall aus und freuen sich, wenn sie in einem mobilen Käfig gelegentlich auf den Rasen dürfen. Hühner, Enten und Gänse brauchen dagegen einen sicheren, festen Stall (auch in der Stadt gibt es Raubtiere) und einen Auslauf. Für Schafe bieten nur große, ländliche Gärten genügend Platz und ausreichend Gras.

Die Voraussetzungen – Klima, Boden, Exposition

Leider wird bei der Planung allzu oft vergessen, das Mikroklima eines Gartengrundstücks zu berücksichtigen. Nur wenn Zier- und Nutzpflanzen gemäß den herrschenden Bedingungen ausgewählt werden, präsentieren sie sich in optimaler Form.

Bauern-, Cottage- und Landhausgärten stellen ähnliche Ansprüche an Klima, Boden und Geländeform wie jeder andere Garten auch. Beete mit Salat und Gemüse benötigen einen sonnigen Standort und guten, nährstoffreichen Boden. Damit konkurrieren sie zwangsläufig mit den schönsten blühenden Stauden um die besten Plätze im Garten – und selbstverständlich auch mit einem Sitzplatz in der Sonne. Die meisten Kräuter, insbesondere die aromatischen, mediterranen Arten, sind sogar auf einen Standort in voller Sonne und sandig-steinigen Boden angewiesen. Dagegen sind stark beschattete Flächen für Gemüse, Salat oder üppige Blumenbeete im Stil eines Cottage-Gartens völlig ungeeignet.

Gärten, in denen die dauerhaft schattigen bis halbschattigen Flächen überwiegen, sind daher nur bedingt für den klassischen, stilreinen Bauern- oder Cottage-Garten geeignet; beide sind auf mehrere Stunden Sonnenlicht täglich angewiesen. Für solche Gartengrundstücke wäre ein Landhausgarten oder ein normaler Garten mit ländlichen Elementen wesentlich besser geeignet. Auf den Sonnenflächen werden die Beete angelegt und die Schattenflächen anderweitig genutzt. So gedeiht Buchsbaum auch im Halb- und lichten Schatten. Wenn er zu geometrischen Formen (Knotengarten, Würfel, Kugeln, Pyramiden oder Figuren) geschnitten wird, bereichert er Landhausgärten um formale Elemente oder dient im ländlich geprägten Garten als Blickfang. Auf den sonnigen Flächen bilden geschwungene Blumenbeete im Cottage-Garten-Stil, ein Salat-/Kräuterbeet, Hochbeet oder eine Kräuterspirale attraktive Gegenpole.

Blumen, Salat und Gemüse wachsen am besten auf lockeren, lehmigen Böden. Weniger gute, stark sandige oder tonige Böden müssen regelmäßig mit Kompost angereichert und ganzjährig mit halbgarem Kompost oder anderem Material gemulcht werden, um Struktur und Nährstoffgehalt zu verbessern. Eine Ausnahme in den Bodenansprüchen stellen die mediterranen Kräuter (Lavendel, Thymian, Rosmarin, Salbei und andere) dar, die einen sandig-steinigen, gut wasserdurchlässigen Boden brauchen – am einfachsten in separaten Beeten, in einer Kräuterspirale oder in Töpfen zu realisieren.

Gemüsebeete und natürlich auch die Blumenbeete vertragen keinen dauerhaft starken Wind; dagegen hilft eine windbrechende Hecke oder ein stabiler Zaun auf der Wetterseite.

Ein geneigtes Gartengrundstück ist nur für den klassischen, formalen Bauerngarten problematisch, weil die formale Anlage auf ebener Fläche besser zur Geltung kommt. Alle anderen Gartentypen profitieren sogar vom Wechsel der Höhe. Sie lassen sich problemlos auf Hängen (mit natürlicher Neigung oder zu Stufen terrassiert für spannende Niveauwechsel) gestalten.

Der Zauber ländlicher Gärten äußert sich auch in liebvollen Details, wie Gießkannen aus Metall, Körben oder altem Werkzeug.

Bauerngärten

Traditionelle Bauerngärten – formal und geometrisch

Ein traditioneller Bauerngarten lebt vom Kontrast zwischen der formalen Geometrie aus Wegekreuz und Buchsbaumhecken und den üppig bepflanzten Beeten. Für die Wirkung ist es dabei völlig unerheblich, ob in den Beeten Blumen oder Gemüse wachsen.

Während die penibel glatt geschnittenen Hecken den formalen Garten (oben) eindeutig prägen, stehen sie im unteren Beispiel den Beetpflanzen etwa gleichrangig gegenüber. Auf diese Weise wird der formale Aspekt abgemildert, ohne die Geometrie des Wegekreuzes aufzugeben.

Die prägenden Elemente eines klassischen Bauerngartens sind Formalität und Symmetrie. Das Wegekreuz, das den Garten in vier gleich große Viertel teilt, blieb seit dem Mittelalter unverändert und wurde in viele regionale bäuerliche Gartentypen übernommen. Das Kreuz hat vom Ursprung her eine christliche Symbolik, ist allerdings auch von großem ästhetischem Reiz, weil die Wege wie Symmetrieachsen wirken, den Blick lenken und den Garten gliedern. Schließlich ist es sehr praktisch, weil jedes der Viertelbeete für die Aussaat, Pflege und Ernte von allen Seiten bequem zugänglich ist.

Formalität ist ein altbewährtes Prinzip der Gartengestaltung – schon die Gärten der Renaissance oder die Prachtgärten des Barock waren formale Gärten. Auf der kleinen Fläche eines Reihenhausgartens bildet der formale Grundriss das Rahmenwerk, in den sich der Garten und seine Bestandteile einfügen. Eine regelmäßig un-

Das Wegekreuz unterteilt den Bauerngarten vor dem Haus in vier gleich große Viertel. Ein Rosenbogen markiert den Beginn der Mittelachse.

tergliederte Gartenfläche verkörpert Ruhe und Ordnung im besten Sinn. Langeweile ist dennoch nicht zu befürchten, denn die Bepflanzung der Beete und die Gestaltung des Umfeldes mit Lauben, Bögen und Bänken sorgen für Durchblicke, Blickfänge und Abwechslung.

Bauerngarten auf der gesamten Gartenfläche

Ein typischer Reihenhausgarten hat in etwa die richtige Größe für einen Bauerngarten und üblicherweise auch eine rechtwinklige Form. In rechteckigen Gärten sorgt der „gelenkte Blick" über die Längsachse für scheinbar mehr Weite, während quadratische Gärten ruhiger, statisch und ausgeglichen wirken. Wie oben erwähnt, sollten sich Familien mit Kindern jedoch für einen anderen Gartentyp entscheiden. Kinder können wenig mit der formalen Ordnung anfangen und fühlen sich auf den relativ schmalen Wegen zwischen beschnittenen Buchsbaumhecken nicht wohl.

Die Planung beginnt mit dem Wegekreuz. Bildet die Gartenfläche ein regelmäßiges Rechteck/Quadrat mit einer Terrasse an der Rückfront des Hauses, wird das Wegekreuz mittig angelegt. Spannen Sie eine Schnur straff von der Mitte der Terrasse/Haus bis zur Mitte der rückwärtigen Gartengrenze; markieren Sie den Mittelpunkt auf der Schnur (mit Filzstift oder einer angeknoteten Schnurschleife). Über diesen Mittelpunkt wird senkrecht zur ersten eine zweite Schnur von Seitengrenze zu Seitengrenze gespannt – damit ist der Garten in vier gleich große Viertel geteilt.

Legen Sie auch bei unregelmäßig geformten Grundstücken zuerst ein rechtwinkliges Schnurkreuz an. Lassen Sie möglichst auch dort den Längsweg an der Terrasse beginnen, um die Blickachse bis zum Ende des Weges zu erhalten. Es macht nichts, wenn dadurch die Wegachsen des Kreuzes schräg zur Außengrenze verlaufen, solange nur die Viertelbeete erhalten bleiben. Probieren Sie verschiedene Positionen aus, bis Sie die optimale Lage des Wegkreuzes gefunden haben.

Lässt sich die Terrasse aus baulichen Gründen nicht als Ausgangspunkt der Blicke in das Achsenschema integrieren (beispielsweise bei einer Terrasse seitlich vom Haus oder in einem abknickenden Garten), werden Kreuzweg und Viertelbeete möglichst günstig über das Gelände gelegt. Planen Sie am Ende einer der Kreuzwege einen Sitzplatz ein (siehe unten), der die Funktion der Terrasse übernimmt und die attraktive Blickachse nutzt.

Vom Schnur- zum Wegekreuz

Das Wegekreuz wird mit Hilfe der gespannten Schnüre abgesteckt. Sägen Sie eine 80–100 cm lange Leiste oder einen Bambusstab ab (= Wegbreite) und markieren Sie darauf den Mittelpunkt.
Wenn Sie die Leiste mit dem Mittelpunkt über die Spannschnur halten, ergeben sich der rechte und linke Rand des Weges. Zu zweit – einer hält die Leiste über die Schnur, der andere streut an den Enden Sand aus – lassen sich die Wege problemlos und ohne große Messerei abstecken. Mit derselben Leiste legen Sie auch den umlaufenden Weg um die vier Beete fest.

Zum Abschluss der Planung legen Sie einen umlaufenden Weg zwischen Beet- und Grundstücksgrenze an. Er definiert die äußere Grenze des Gartens und bestimmt gleichzeitig die Größe der vier Beete.

Selbstverständlich muss der umlaufende Weg nicht direkt entlang der Grundstücksgrenze verlaufen. Rückt er weiter nach innen, werden die vier Beete etwas kleiner und Sie gewinnen Platz zwischen Weg und Grundstücksgrenze – für Blumenbeete, eine Hecke oder Sträucher. Der umlaufende Weg definiert in unregelmäßig geformten Grundstücken die Grenze des rechteckigen, formalen Bauerngartens. Die Restflächen zwischen Weg und Grundstücksgrenze werden nach Belieben bepflanzt.

Der Kreuzungspunkt der Wege verdient besondere Beachtung. Bedingt durch die Wegführung stoßen hier die Beete rechtwinklig aufeinander. Versetzt man die vier Beetecken zurück, entsteht ein zentraler Platz – je weiter die Ecken zurückweichen, desto größer. Der zentrale Platz kann mit rundem (Beetecken als Kreisabschnitte) oder rautenförmigem (Beetecken gerade) Grundriss angelegt werden. Platzieren Sie ein Beetrondell, einen Kübel oder einen kleinen Brunnen ins Zentrum der Wege-

kreuzung. Sie dienen als Blickfang und betonen die Symmetrie der Anlage.

Auch die Endpunkte des Wegekreuzes sollten betont werden. Für die Querachse bieten sich Bänke, zwei gleichartige Kübel oder Sträucher an, während am Ende der Längsachse, gegenüber der Terrasse, eine Laube oder ein anderer attraktiv gestalteter Sitzplatz einen wirkungsvollen Blickpunkt setzt.

Links: Die konzentrische Bepflanzung mit Salaten (außen) und die Sonnenuhr im Zentrum betonen das Rondell im Schnittpunkt der Wege.

Oben links: Das unregelmäßige Feldsteinmuster zwischen schnurgeraden Hecken steht im reizvollen Kontrast zu der Formschnitt-Kuppel und der Baumkrone.

Oben: Die säulenförmigen Rankgitter erheben das großzügige Rondell in die dritte Dimension.

Die in Form geschnittenen Buchsbäume zwischen den Blumen verleihen dieser informellen Gartenecke die formale Anmutung eines Bauerngartens.

Bauerngarten auf einer Teilfläche

Es gibt viele gute Gründe, nicht die gesamte Gartenfläche für einen Bauerngarten zu „opfern". Durch geschickte Variation des Grundrisses lässt sich das Flair eines Bauerngartens problemlos aber auch auf Teilflächen realisieren.

Auf großen Gartengrundstücken stellt sich dieses Problem nicht wirklich, da sie sich durch innere Abtrennungen – Hecke, Zaun, größere Sträucher – in unterschiedliche Gartenräume gliedern lassen. Dort wird der oben beschriebene Bauerngarten einfach, neben anderen, als ein eigenständiger Gartenraum gestaltet.

Doch selbst in einem multifunktional genutzten Reihenhausgarten, der für einen kompletten Bauerngarten zu klein wäre, brauchen Sie nicht auf das ländliche Flair zu verzichten: Specken Sie den Bauerngarten einfach ab! So lange die Mini-Anlage geometrisch und formal angelegt ist, bleibt der Charakter eines Bauerngartens erhalten. Auf diese Weise halten Sie sich die Möglichkeit offen, neben dem Bauerngarten noch eine Rasenfläche, Staudenrabatten oder andere, dekorative Elemente unterzubringen.

Neben den geometrischen Leitlinien bestimmt vor allem die Blütenpracht den Charakter eines Bauerngartens.

Umgestaltung des Beetevierecks

Wenn Sie die vier Beete nur außen mit einer Hecke umgeben und auf die inneren Hecken verzichten – das Wegekreuz grenzt dann direkt an die vier Viertelbeete – sparen Sie etwa 1 m in Länge und Breite.

Mit noch weniger Platz kommt der Bauerngarten aus, wenn Sie völlig auf das Wegekreuz verzichten: Legen Sie nur zwei Einzelbeete (mindestens etwa 1,20 × 3 m) an und fassen sie mit einer niedrigen Buchsbaumhecke ein. Die einfachste Lösung sind zwei Beete im hinteren Bereich des Gartens, die mit der Schmalseite aneinander stoßen. Eine Hecke aus Beerensträuchern oder ein hübscher Zaun quer über den Garten trennt den „Mini-Bauerngarten", der selbst mit einem Rundweg um die Beete nur etwa 2,50–3 m tief wäre, vom übrigen Garten ab. Die beiden Beete wirken verspielter und eleganter, wenn Sie die Ecken nicht rechtwinklig, sondern abgerundet gestalten. Eine Blickachse durch ein Tor, zwischen den beiden Beeten hindurch, zu einer attraktiven Bank am Gartenzaun als Blickpunkt – eine begrünte Laube wäre noch wirkungsvoller – kostet zwar etwas mehr Platz, gibt dem gesamten Garten aber größere Tiefe.

Die beiden Beete lassen sich auch gänzlich ohne trennenden Querzaun in das Gartenkonzept integrieren: Dazu werden

Die Diagonale zwischen Grundstücksecke und einem Tor im Zentrum der Begrenzung dient als Sichtachse und eine hübsche Bank ein Tisch oder ein Laube in der Ecke als Blickfang.

Links: Hier spielen die formalen Hecken aus geschnittenem Buchs nur eine untergeordnete Rolle – die gesamte Aufmerksamkeit gilt den Pflanzen.

Oben: Der Verzicht auf Beeteinfassungen schafft Platz; die Wassertonne im Schnittpunkt der Wege deutet ein Rondell an.

sie im hinteren Abschnitt des Gartens längs nebeneinander anlegt, sodass der Blick von der Terrasse auf ihre Schmalseiten fällt. Der Weg zwischen den Beeten lenkt den Blick auf einen Blickfang am Gartenende. Als Durchblick auf der Gartenseite verstärken eine begrünte Pergola oder ein Bogen mit blühenden Kletterpflanzen die perspektivische Wirkung des Mittelweges. Beiderseits der Beete bleibt dann noch genügend Raum für Blumenbeete oder breite Rasenstreifen. Ohne die Hecken auf der Wegseite rücken die beiden Beete wiederum näher zusammen und Sie gewinnen etwa einen zusätzlichen Meter Pflanzraum rechts und links.

Werden die Schmalseiten der beiden Beete auf der Gartenseite jeweils als Viertelkreis gestaltet, fügen sich die Hecken der beiden Beete zu einem Halbkreis zusammen. Es entsteht eine edel wirkende Apsis, die sich zum Garten öffnet und den Blick wie ein Entrée auf den Blickpunkt am Ende des Weges lenkt. Ein Kübel, ein kleines Rondell mit Zierpflanzen oder ein Wasserspiel im Zentrum des Apsiskreises sorgen für zusätzliche Spannung.

Einzelbeete entfalten ihre formale Wirkung allerdings nur, solange die einfassende, niedrige Buchsbaumhecke regelmäßig beschnitten wird. Wenn Sie ganz auf die Buchsbaumhecken verzichten und stattdessen den gartenseitigen Teil der Beete mit hohen Bauerngartenblumen bepflanzen, sehen die Beete von der Terrasse aus wie Staudenrabatten; Salat und Gemüse wachsen „unsichtbar" im Hintergrund der Beete – praktisch und schön, aber der Charakter des Bauerngartens leidet.

Selbst eine Ecke ihres Gartens lässt sich als Mini-Bauerngarten gestalten: Grenzen Sie den Eckgarten mit einer Hecke bogenförmig als Viertelkreis oder abgewinkelt (angeschnittenes Sechs- oder Achteck) vom Restgarten ab. Eine gerade Hecke würde eine dreieckige Fläche abtrennen, die schwieriger zu gliedern ist und von außen langweilig aussieht.

Die Form der Beete gleicht sich der Form der Gartenecke an, im einfachsten Fall also zwei schmale Dreiecke bzw. „Tortenstücke". Wenn sich die Beete nicht bis in die Ecke fortsetzen, sondern vor der Bank ein kleiner Platz bleibt, wirkt der Mini-Bauerngarten großzügiger. Außerdem verschwinden damit die spitzen Winkel in den beiden Beeten, die sich ohnehin kaum sinnvoll bepflanzen lassen.

Hecken und Zäune

Hecken und Zäune sind wichtige Elemente der Gartengestaltung. Sie grenzen den Garten einerseits nach außen ab und bieten Sichtschutz, andererseits gliedern sie den Garten in Räume. Je nach Konstruktion und Bepflanzung bereichern sie das Gartenbild als Hintergrund oder blühende Ergänzung der Beete.

Hohe Hecken grenzen den intimen Gartenraum nach außen ab, während die geometrisch beschnittenen Sträucher einen Blickpunkt am Wegende setzen.

Zäune und Hecken grenzen einen Garten nach außen ab und geben ihm den inneren, gliedernden Rahmen. Was im Folgenden ausführlicher für den Bauerngarten ausgeführt wird, gilt daher grundsätzlich auch für den Cottage- und Landhausgarten und lässt sich entsprechend übertragen.

Das charakteristische Flair eines guten Bauerngartens wird aber weniger durch äußere Begrenzungen als vielmehr durch die Hecken um die Beete geprägt. Sie bringen als grüner, ordnender Rahmen die Bepflanzung optimal zur Geltung. Randlose Beete, seien sie auch noch so raffiniert bepflanzt, rufen diesen Eindruck nicht hervor – sie sind praktisch, doch ihnen fehlt der geometrisch-formale Aspekt traditioneller Bauerngärten.

Hecken als Abgrenzung nach außen

Traditionelle Bauerngärten waren schon aus praktischen Gründen vom Hofbetrieb abgetrennt. Im städtischen Garten unserer Zeit macht sich selbstverständlich kein hungriges Vieh über Gemüse und Blumen her, sondern die äußere Umfriedung soll vor allem Sichtschutz vor den Nachbarn und Privatsphäre gewährleisten.

Eine stilgerechte und praktische Lösung bietet eine Hainbuchenhecke (*Carpinus betulus*). Die Hainbuche ist ein heimisches Gehölz; sie ist relativ preiswert und die Hecken schnittfest, dicht und sie werden gerne von Vögeln als Nistplatz angenommen. Die Blätter der Hainbuche färben sich im Herbst hell ledrig-braun, ohne vollständig abzufallen. Daher bietet eine Hainbuchenhecke selbst im Winter bis zum Austrieb des frischen Grüns im Frühling einen gewissen Sichtschutz.

Hainbuchen lassen sich mit wenig Aufwand über ein Gestell zu einem Bogen oder einer Laube erziehen. Mit einer hübschen Bank unter ihrem grünen Dach bilden Lauben attraktive, gut geschützte Blickfänge am Ende der Wege. Als Bögen markieren sie den Eingang in den Bauerngarten oder akzentuieren das Ende der Wege an der Gartengrenze – da sie scheinbar in die Ferne leiten, täuschen sie außerdem größere Weite vor.

Rotbuchen (*Fagus sylvatica*) erfüllen bei etwa gleichen Eigenschaften dieselben Aufgaben, wachsen allerdings etwas schwächer und stellen höhere Anforderungen an den Boden (kalkhaltige Böden). Sehr interessant sehen Mischhecken aus grünen Rot- und rotblättrigen Blutbuchen (*Fagus sylvatica* 'Purpurea'; auch unter anderen Bezeichnungen im Handel) aus.

„Very british" sind Hecken aus immergrünen Eiben (*Taxus baccata*). Sie wachsen relativ langsam, reagieren aber auf regelmäßigen Schnitt mit immer dichterem Wuchs. Ausgewachsene Eibenhecken bilden dunkelgrüne, dichte Wände als faszinierenden Hintergrund zu der Bepflanzung. Eine sauber beschnittene Eibenhecke verstärkt den formalen Charakter des Gartens.

Die robuste Hainbuche wächst bei regelmäßigem Schnitt zu einer attraktiven, dichten Sichtschutzhecke heran.

Der wie beiläufig wirkende, von Pflanzen durchwachsene Staketenzaun unterstreicht den informellen Charakter des Beetes.

Inszenieren Sie den Zugang durch einen Zaun als Blickfang. So ziehen beispielsweise ein Rosenbogen oder eine begrünte Pergola die Blicke auf sich und leiten sie weiter in den Bauerngarten hinein.

Ein weitere immergrüne Alternative wäre der ebenfalls schnittfeste und dicht wachsende Liguster (*Ligustrum*), der allerdings nicht zu den „Klassikern" des Bauerngartens gehört. Neben den grünen sind auch panaschierte oder goldblättrige Ligustersorten für eine farblich abwechslungsreiche Teppichhecke erhältlich. Aber Vorsicht! An exponierten Standorten sind nicht alle Ligustersorten völlig winterhart (in der Baumschule nachfragen). Kirschlorbeer (*Prunus laurocerasus*) und schnell wachsende Nadelgehölze (*Thuja* und andere) bilden zwar ebenfalls dichte, immergrüne Hecken, sind aber allenfalls in Form kurzer Heckenabschnitte zu empfehlen – sie passen nicht zum Charakter eines Bauerngartens.

Zäune als Abgrenzung nach außen

Wenn Sie einen blickdichten Abschluss nach außen wünschen (brauchen), sind offene Holzzäune nur begrenzt sinnvoll. Flechtelemente aus Holzbändern an einem dünnen Rahmen – vor allem zum Ende der Gartensaison gerne als Sonderangebot im Baumarkt – passen nicht gut zum Flair eines Bauerngartens, sind aber eine annehmbare, preiswerte Übergangslösung. Echte Flechtzäune aus Weidenzweigen oder schmalem Spaltholz sind stimmiger, allerdings auch teurer. Alle fertig montierten Flechtelemente haben jedoch einen großen Nachteil: Sie werden in festen Größen geliefert, sodass je nach Länge/Breite des Grundstücks Lücken entstehen könnten.

Den besten Kompromiss für einen blickdichten Abschluss dürfte ein Zaun aus

Die schmalen, senkrechten Zaunlatten mit gerader Oberkante (oben) wirken strenger und formaler als ein Zaun mit bogenartig geschwungenem Abschluss (rechts).

versetzten (überlukten), rustikalen Brettern darstellen (als „Sichtschutzzäune" im Handel), die genau passend auf Länge gesägt werden. Die Lücken zwischen den Brettern lassen Licht durch, verhindern aber neugierige Einblicke. Da diese Konstruktion relativ schwer ist, müssen die Zaunpfähle in stabilen Betonschuhen im Boden verankert werden. Waagerechte Bretter werden direkt auf die Pfähle geschraubt, senkrechte auf Querbalken befestigt (fragen Sie im Fachhandel nach; andere Konstruktionen sind möglich). Senkrechte, schmale Bretter scheinen leichter und höher zu sein, während Konstruktionen mit waagerechten Brettern niedriger und schwerer erscheinen. Trotz der Lücken zwischen den Brettern sehen Zäune aus versetzten Brettern recht massiv aus; grüner Bewuchs nimmt ihnen die Schwere.

Eine weitere traditionelle, wenn auch die teuerste Lösung, sind Mauern aus Ziegelsteinen. Sie sind nicht nur attraktiv, blickdicht und sicher, sondern auch der ideale Hintergrund für Spalierobst – eine perfekte Ergänzung des Bauerngartens und ästhetisches Highlight.

Als offene Begrenzung nach außen bieten sich mehrere Möglichkeiten an: Halbhohe Lattenzäune mit senkrechten Brettern werden in den unterschiedlichsten Ausführungen und Formen angeboten und passen mit oder ohne Anstrich sehr gut zu der heiteren Stimmung eines Bauerngartens. Besonders rustikal wirken offene Ranchzäune mit zwei bis drei waagerechten Bohlen (glatt gehobelt oder mit natürlicher „Waldkante").

Leichter und offen wirken Rankgitter für Kletterpflanzen, wie Rosen, Waldreben, Geißblatt aber auch Stangenbohnen, die zumindest teilweise Sichtschutz bieten. An der windzugewandten Seite des Gartens müssen sie allerdings sehr stabil verankert und konstruiert sein, sonst überstehen sie den ersten kräftigen Herbststurm nicht.

Links: Die Hecke und eine abgewinkelte Wegführung kaschieren die Größe des linken Gartenabschnitts, während die Bank in der Heckenapsis (rechts) den „langen Blick" über den geraden Weg verkürzt.

Links unten: Metallbögen mit blühenden Kletterpflanzen heben Blütenfarben auf Torbogen, Lauben oder Bogengängen in die dritte Dimension.

Hecken und Zäune als Raumteiler

Bauerngärten auf einer Teilfläche des Gartens wirken geschlossener, wenn sie sich mit einer Hecke oder einem Zaun optisch vom übrigen Garten absetzen.

Legen Sie besonderen Wert auf die Gestaltung des Zugangs: Der Eingang in den Bauerngarten markiert den Beginn einer Sichtachse, die über den Weg bis zu einem attraktiven Blickfang am Ende des Bauerngartens verläuft. Damit präsentiert sich der Bauerngarten von der Terrasse oder einem Sitzplatz über Zugang, Weg und Blickpunkt als spannend gestaffelte Gartenlandschaft. Da der Blick nicht auf die hintere Gartengrenze, sondern auf die innere Grenze des Bauerngartens fällt, wird die reale Größe des Gartens kaschiert. Auch die perspektivische Wirkung von Tor-Weg-Blickpunkt täuscht eine größere Tiefe vor.

Alle oben beschriebenen Hecken und Zäune eignen sich auch als Raumteiler. Raffinierter wird die Grenze zum Bauerngarten jedoch, wenn Sie das Thema bereits in der Pflanzenauswahl anklingen lassen – grenzen Sie ihn vom Restgarten mit einer Hecke aus Beerensträuchern ab: Rote, Weiße und Schwarze Johannisbeeren (auch hübsch blühende Zierformen) und Stachelbeeren wachsen als freie Sträucher. Sie verleihen der Grenze einen offenen, informellen Charakter. Himbeeren und Brombeeren brauchen dagegen ein Gerüst aus waagerechten Drähten als Unterlage, auf der Sie die Triebe beispielsweise zu einem Fächer erziehen können, um der Hecke einen formaleren Anstrich zu geben. Als langfristiges Projekt für eine durchlässige Grenze von sehr markanter Form bieten sich niedrige Spalierobstbäume mit horizontalen Ästen an, die an stabilen Pfosten und starken Drähten erzogen werden. Gute Baumschulen führen geeignete Sorten, deren Äste schon in die gewünschte Grundform erzogen wurden.

Der Metallzaun in traditionellem Stil fügt sich hervorragend in den formal gestalteten Garten ein.

Auch Berberitzen wachsen zu dichten Hecken heran. Im Angebot der Baumschulen finden Sie sommergrüne (beispielsweise *Berberis thunbergii* mit schöner Herbstfärbung), aber auch immergrüne und buntlaubige Arten und Sorten. Die Berberitze ist schnittfest, wirkt aber längst nicht so streng formal wie Buchsbaum.

Einen hübschen, ungewöhnlichen und sehr traditionellen Abschluss stellen Staketenzäune dar. Sie werden meist aus gespaltenem Kastanienholz mit Drahtverspannung hergestellt und lassen sich sehr nostalgisch mit Wicken, Schwarzer Susanne, Kapuzinerkresse oder anderen rankenden Einjährigen begrünen.

Das Angebot an vorgefertigten Toren aus Holz, Metall oder Kunststoff mit und ohne Rankgitter ist breit und vielfältig. Das wichtigste Auswahlkriterium bleibt zwar der persönliche Geschmack, Sie sollten aber versuchen, die Grenze mit Tor und den Blickfang am Wegende zu einem harmonischen Ganzen zu verschmelzen: Ein rustikales Tor aus unbehandelten Holzbohlen passt nicht zu einem weiß angestrichenen Lattenzaun oder einer zierlichen Sitzbank aus Drahtgeflecht. Andererseits wäre ein verspielter, mit Ornamenten verzierter Bogen aus Metall kaum der richtige Partner für eine schwere, rustikale Bank am Ende des Weges.

Bei Durchgängen durch Hecken sind die Möglichkeiten eingeschränkter. Hainbuche, Buche und Eibe lassen sich zu attraktiven Bögen erziehen – zumindest in den ersten Jahren hilft ein unterstützendes Gerüst. Statt den Bogen oben zu schließen, können Sie die Hecke beiderseits des Durchgangs auch höher wachsen lassen und zu Säulen beschneiden.

Auch Formschnitte, wie Kugeln, Würfel und Pyramiden oder Hochstammbäumchen (Stachelbeeren, Johannisbeeren) in einer Hecke aus Beerensträuchern bilden wirkungsvolle „Torpfosten".

Oben: Der Heckenrahmen wird durch die kuppelförmig beschnittenen Ecken zusätzlich betont.

Rechts: Die einfachen Holzkästen gliedern den Garten in „Mini-Hochbeete“ – funktionell und nostalgisch zugleich.

Ganz rechts: Senkrechte Dachziegeln als Beetbegrenzung dienen auch als Schmuckelemente aus eigenem Recht.

Der Rahmen der Beete

Für Traditionalisten gibt es nur eine Lösung: Buchsbaum (*Buxus sempervirens* 'Suffruticosa'). In der Tat ist dieser Zwergbuchs ideal als Beeteinfassung geeignet. Er lässt sich zu einer niedrigen Höhe von 15–30 cm beschneiden, wächst sehr dicht, sieht als immergrüne Art ganzjährig hübsch aus und wächst als Bonus sowohl an sonnigen als auch schattigen Standorten. Je nach Schnitt – gerader oder gewölbter oberer Abschluss – wirkt eine Buchsbaumhecke streng bis verspielt, ohne ihren formalen Charakter zu verlieren. Buchsbaum ist auch bestens geeignet, kaum bepflanzbare, spitze Ecken in Beeten zu nutzen: Lassen Sie die Hecke in der Ecke etwas breiter und höher wachsen und geben Sie ihr dort mit der Heckenschere eine regelmäßige Form (Kugel, Würfel, Pyramide) – Scherenkünstler dürfen sich auch an Tierfiguren versuchen.

Natürlich hat auch der Buchsbaum seine Schattenseiten. Ohne regelmäßigen Schnitt (Arbeitsaufwand!) wachsen die Triebe in die Länge und die Hecke verliert ihre definierte Form. Eine Hecke verbraucht auf Kosten der Nutzpflanzen relativ viel Fläche – bedeutsam vor allem in kleinen Beeten – und behindert den freien

Zugang ins Beet zur Pflege der Pflanzen. Nicht zuletzt muss auf die Gefahr des sogenannten Buchsbaum-Triebsterbens hingewiesen werden. Diese Krankheit wird durch einen Pilz (*Cylindrocladium buxicola*) verursacht und führt zum Tode der Sträucher.

Abgesehen von diesen Einschränkungen bleibt Buchsbaum die beste und authentischste Lösung! Alle Alternativen verändern die typische Anmutung eines Bauerngartens:

An den Beeträndern gepflanzte einjährige Zier- und Gemüsepflanzen wachsen zu niedrigen, abwechslungsreichen „Hecken" heran, deren Zusammensetzung Sie nach Belieben Jahr für Jahr verändern können. Damit verschiebt sich der formalstrenge Charakter des Bauerngartens zu einer fröhlichen-lockeren Stimmung. Geeignet sind beispielsweise Oregano, Petersilie, Salbei, Schnittlauch, Kohl, Ringelblumen (*Calendula*) oder Studentenblumen (*Tagetes*). Polsterpflanzen (Frauenmantel, Steinbrech, Teppichphlox, Glockenblumen, Grasnelken) bilden einen besonders lockeren, abwechslungsreichen Rahmen.

In sehr kleinen Gärten würde allerdings selbst ein schmaler Saum aus Schnittlauch zu viel Platz wegnehmen. Hier grenzen Holzleisten oder -bohlen von etwa 10 cm Höhe die Beete wirkungsvoll und extrem platzsparend ab. Während sich Holzleisten eher dem Gesamtbild unterordnen, setzen Ziegelsteine als Beeteinfassung eigenständige Akzente, beispielsweise schräg zu einem Sägemuster gestellte Steine. Setzen Sie Ziegelsteine in ein Bett aus Magerbeton, damit die Begrenzung nicht die Form verliert. Mäuerchen aus flach oder hochkant liegenden Ziegelsteinen brauchen sogar ein festes Fundament.

Weitere Möglichkeiten wären „Mini-Palisaden" aus Holz, die als Rundhölzer oder halbierte Hölzer bereits im Verbund auf einer Rolle geliefert werden, Miniaturzäune (15–20 cm hoch) aus unbehandelten oder gestrichenen Holzleisten oder Flechtzäune aus Weiden- oder Haselnussruten. Manchmal findet man auch historisierende, niedrige Eisengeländer. Wenn Kinder im Garten spielen, sollten Sie wegen der Verletzungsgefahr allerdings auf spitze oder scharfkantige Einfassungen verzichten.

Im Überblick: Blumen für den Bauerngarten

Die Akelei (*Aquilegia*) ist eine mittelhohe Staude (um 60 cm), deren auffällige Blüten den Charme der Natur verkörpern. Neben der blauen Wildform sind viele ein- und mehrfarbige Sorten erhältlich; sät sich selbst aus.

Die Formenvielfalt der Dahlien (*Dahlia*) ist schier unüberschaubar. Am besten fügen sich die kräftig gefärbten einfachen bis halb-gefüllten Sorten in den Bauerngarten ein, während Schmuck- oder Kaktusdahlien stärkere Akzente setzen.

Phlox (*Phlox paniculata*) in seinen vielen Formen blüht bis in den Herbst hinein. Da er (Sorten bis über 100 cm) Nutzpflanzen und andere Stauden überragt, macht sich Phlox besonders gut als kleine Gruppe im Zentrum eines Viertelbeetes.

Der anspruchslose Frauenmantel (*Alchemilla mollis*) bildet dichte, grüne Polster, über denen zur Blütezeit im Sommer Wolken winziger, gelbgrüner Blüten schweben. Er ist eine gute Begleitpflanze, sät sich aber aggressiv aus.

Der Goldlack (*Cheiranthus cheiri*) gehört zu den Klassikern des Bauerngartens. Die zweijährige Pflanze wird in Lücken zwischen Gemüse und Salat gesät und präsentiert im nächsten Jahr ihre nostalgischen Blüten.

Königskerzen (*Verbascum*) wachsen mit einer grundständigen Blattrosette in die Höhe und präsentieren ihre Blütenstände auf bis zu 150 cm hohen Stängeln – imposante Erscheinungen, die einen Platz im Zentrum oder Beethintergrund verdienen.

Lilien (*Lilium*) wuchsen schon in den Klostergärten der Mönche; sie blühen mit großen porzellanweißen Trichterblüten. Wie viele Lilienarten vertragen sie keine heiße Mittagssonne, zumindest Knollen und Wurzeln sollten beschattet sein.

Wenn sich irgendwo eine Lücke auftut, gehören die wunderbar nostalgischen Löwenmäulchen (*Antirrhinum majus* in vielen Farben und Sorten) hinein. Fleißige Gärtner säen sie im zeitigen Frühling in Töpfe und pflanzen sie nach Bedarf ins Beet.

Obwohl der Rittersporn (*Delphinium*) in seinen zahlreichen Spielarten auch ins Inventar „normaler" Staudenbeete gehört, ist er auch im Bauerngarten zu Hause. Seine hübschen Blüten in dichten, hohen Blütenständen sind Blickfänge.

Sonnenblumen (*Helianthus annuus*) werden zu groß für eines der Viertelbeete. In dichter Reihe, beispielsweise am Rand des Gartens, tragen die riesigen Blüten auf mächtigen Stängeln aber zum Flair eines Bauerngartens bei.

Stockrosen (*Alcea rosea*) werden in mehreren Sorten angeboten. Als Einjährige finden sie ihren Platz sowohl zwischen Gemüse als auch anderen Blumen. Pflanzen Sie mehrere, farblich abgestimmte Exemplare in einer Gruppe.

Nutzung und Bepflanzung der Beete

Die vier Beete eines traditionellen Bauerngartens sind nicht nur Gliederungselemente und setzen den formalen Rahmen des Gartens, sondern erleichtern auch die Auswahl und Zusammenstellung der Pflanzen.

Auch wenn ein Bauerngarten sicher nur sehr selten zur Selbstversorgung angelegt werden dürfte, machen die Vorfreude auf den Ernteertrag und später eine reiche Ernte einen großen Teil des Gartenspaßes aus – sei die Beetfläche auch noch so klein. Um einer Enttäuschung vorzubeugen, lohnt sich ein kleiner Ausflug in die Ökologie eines Biogartens.

Nährstoffverbrauch und Fruchtwechsel

Pflanzen sind genügsam. Sie brauchen nur Wasser, Sonne und das Kohlendioxid in der Luft – theoretisch. Um Wurzeln, Blätter, Blüten und Früchte zu bilden, holen sie sich mineralische Nährstoffe über die Wurzeln aus dem Boden. Neben Spurenelementen sind das insbesondere Stickstoff-, Kalium-, Phosphor- und Kalzium-Verbindungen. In einem konventionell bewirtschafteten Blumen- oder Nutzgarten liefert ihnen chemischer Dünger alles, was sie brauchen.

Wer auf chemische Dünger verzichten möchte, ohne seinen Bauerngarten zu vernachlässigen, kann auf ein breites Angebot an biologisch-organischen Düngern zurückgreifen, von Algenextrakten bis zu getrocknetem Vogelmist (Guanodünger). Ein weiteres, wichtiges Element zur Bodenpflege ist der Fruchtwechsel – die Viertelbeete geben den Rahmen vor. Schon die Bauern des Mittelalters hatten erkannt, dass die Drei- oder Vierfelderwirtschaft die Ernte steigert. Fassen Sie Ihren Bauerngarten als eine Art Mehrfelderwirtschaft auf, in der die Pflanzen mit unterschiedlichen Bodenansprüchen Jahr für Jahr um ein Viertelbeet weiter wandern (notieren Sie sich die Rotation, damit Sie nicht durcheinander kommen).

Hülsenfrüchte (Leguminosen oder Schmetterlingsblütengewächse) bilden mit bestimmten Bodenbakterien eine Schicksalsgemeinschaft oder Symbiose. Die Bakterien leben in Knöllchen der Pflanzenwurzeln und werden von der Pflanze mit Wasser und Mineralien versorgt. Die Bakterien können den gasförmigen Stickstoff der Luft in mineralisch gebundenen Stickstoff, also „Dünger" umwandeln und den Boden biologisch mit Nährstoffen anreichern – keine Pflanze ist dazu in der Lage.

Im Folgenden wird ein vierjähriger Fruchtwechsel für dasselbe Beet beschrieben. Die übrigen Beete werden entsprechend Jahr für Jahr abwechselnd bepflanzt, sodass innerhalb von vier Jahren alle Beete den Fruchtwechsel durchlaufen haben.

Das Beet im ersten Jahr: In einem der Viertelbeete wachsen jetzt bevorzugt Leguminosen (zusammen mit Kräutern die so genannten „Schwachzehrer"), die den Boden mit Stickstoff anreichern. Zum Glück für den Gärtner sind die Vertreter der Leguminosen keine langweiligen Pflanzen, sondern nützlich und schön zugleich: Erbsen und Bohnen (*Phaseolus*-Sorten sind Stangen- und Buschbohnen, *Vicia*-Sorten Dicke Bohnen) liefern eine gute Ernte; ihre Sorten unterscheiden sich in der Blüten- und Fruchtfarbe, einige brauchen ein Klettergerüst, andere wachsen buschig. Daher sähe bereits ein Beet nur mit Erbsen oder Bohnen abwechs-

Ein Fruchtwechsel, der die Bodenqualität erhält und verbessert, muss nicht auf gleichförmige, große Beete beschränkt sein – hier setzen Obstbäume vertikale Akzente.

lungsreich aus. Interessanterweise sind Erbsen und Bohnen aber keine guten Nachbarn und dürfen nicht direkt nebeneinander wachsen. Für mehr Farben und Aufmerksamkeit sorgen dazwischen gepflanzte Gruppen von Blumen: Wicken und Platterbsen (*Lathyrus*), Lupinen (*Lupinus*), verschiedene Kleearten (*Anthyllis*, *Trifolium*), Hornklee (*Lotus*) und andere Sommerblumen aus der Familie der Schmetterlingsblütengewächse. Dieses Beet kommt nicht nur ohne Dünger aus, sondern die Leguminosen verbessern sogar den Boden. Schneiden Sie die Pflanzen nach der Ernte über dem Boden ab – die Wurzeln verbleiben im Boden und werden im nächsten Frühling in den Boden eingearbeitet.

Fruchtwechsel und abwechslungsreiche Bepflanzung helfen auch dabei, Krankheiten und Schädlinge einzudämmen.

Das Beet im zweiten Jahr: Im Folgejahr übernehmen die „Starkzehrer" dieses Beet, während die Leguminosen ein Beet weiter wandern. Starkzehrer brauchen einen Boden mit üppigem Nährstoffgehalt. Obwohl die Leguminosen den Boden gut vorbereitet haben, wird er nach der Bohnen-/Erbsenernte im Herbst zusätzlich mit Kompost und organischem Dünger (beispielsweise Knochenmehl, kompostiertem Mist, getrocknetem Dung) angereichert und mit Mulch abgedeckt. Im Frühling ist dieses Beet dann bereit für alle Kohlsorten, Gurken und Zucchini, Sellerie, Kartoffeln oder Kürbis. Starkzehrer vertragen auch während der Wachstumsperiode eine ordentliche Gabe organischen Dünger.

Auch Rhabarber braucht nährstoffreichen Boden, kann als mehrjährige Staude aber nicht von Beet zu Beet umgesetzt werden – wenn Sie Rhabarberkompott lieben, suchen Sie nach einem günstigen Platz und gönnen der Staude Mulch und regelmäßige Düngergaben. Das gilt übrigens auch für Tomaten, die zwar Jahr für Jahr neu gepflanzt werden, sich aber am selben Standort am wohlsten fühlen. Bunte Blumen nach freier Wahl sorgen zwischen dem Gemüse für farbliche Abwechslung und Blickpunkte.

Das Beet im dritten Jahr: Jetzt schlägt die Stunde der „Mittelzehrer", das sind unter anderem Fenchel, Kohlrabi, Mangold, Möhren, Radieschen, Rote Bete, alle Formen von Salat und Zwiebeln. Der Boden wird im Herbst des zweiten Jahres gemulcht und im Frühling des dritten Jahres mit etwas organischem Dünger aufbereitet. Die Leguminosen wachsen inzwischen im dritten, die Starkzehrer im zweiten Beet. Auch im dritten Jahr ist der Boden noch nährstoffreich genug (etwas organischen Flüssigdünger während der Blütezeit geben) für attraktive Bauerngartenblumen.

Das Beet im vierten Jahr: Damit schließt sich der Kreis. Sie können das Beet nun als Blumenbeet gestalten, bevor dann im fünften Jahr wieder die Leguminosen einziehen. Eine Alternative für das vierte Jahr wären so genannte Gründüngerpflanzen (blühende Leguminosen, wie Klee, aber auch Senf oder Bienenfreund), die den Boden lockern und verbessern – sie sehen allerdings längst nicht so attraktiv aus wie Bauerngartenblumen.

Mehr Platz für Blumen gewinnen Sie mit einem dreijährigen Fruchtwechsel. Während Stark-, Mittel- und Schwachzehrer sich auf drei Beeten abwechseln, scheidet das vierte Beet ganz aus dem Zyklus aus und erfreut Sie – vorzugsweise in der Nähe der Sitzbank – als permanentes Blumenbeet.

So lange Sie die Fruchtfolge prinzipiell einhalten, können Sie auch die anderen Beete jederzeit abwechslungsreicher gestalten – bunter Mangold zwischen Blumen; schnell wachsende Radieschen als Anreiz für Kinder; Salate oder an Ort und Stelle ausgesäte Sommerblumen als Lückenfüller.

Eine Fruchtfolge ist aber nicht nur gut für den Boden, sie hilft auch dabei, Schädlinge einzudämmen. Pflanzen, die Jahr für Jahr auf derselben Fläche wachsen, ziehen wie magisch spezialisierte Schädlinge an. Der regelmäßige Wechsel der Bepflanzung und eine möglichst bunte Mischung von Sorten wirken dem entgegen.

Es gibt einen weiteren Grund, die Fruchtfolge durch eine bunte Mischung mit anderen Pflanzen aufzulockern. Viele Arten sind bekannt dafür, Schädlinge abzuwehren oder das Wachstum ihrer Nachbarn zu fördern (ausführlichere Informationen in Büchern über Biogärten oder im Internet). So schreckt beispielsweise der duftende Lavendel Ameisen ab, Bohnenkraut hält Läuse von den Bohnen fern, Kapuzinerkresse lockt Blattläuse von ihren Nachbarn weg und Zwiebeln und Möhren schützen sich gegenseitig vor Zwiebel- bzw. Möhrenfliegen. Die hübschen Ringelblumen und Studentenblumen (*Calendula* und *Tagetes* in vielen Sorten) setzen farbige Akzente und vertreiben Wurzelälchen.

In einer vierjährigen Fruchtfolge sind blühende Stauden eigentlich nicht vorgesehen, da sie mehrere Jahre am selben Ort verbleiben und somit nicht in den Fruchtwechsel eingegliedert werden können. Doch selbst wenn Sie großen Wert auf reiche Ernte legen, bleibt in jedem der vier Beete genügend Platz für einige Stauden ihrer Wahl. Wenn Sie außerdem einjährige Sommerblumen in Jiffy-Töpfen aussäen (Keimdauer und Blütezeit stehen auf der Packung) und sie nach der Ernte sofort in die entstandenen Lücken setzen, weist Ihr Bauerngarten niemals nackte Stellen auf und blüht während der gesamten Vegetationszeit. In traditionellen Bauerngärten war übrigens das Beet im Zentrum des Wegekreuzes ein reines Zierbeet – machen Sie es genauso und pflanzen Sie dort eine Rose, Päonien, Hortensien, einen Pfeifenstrauch oder markante Stauden.

Im Überblick: Gemüse & Salat für den Bauerngarten

Die frühesten Erbsensorten (Palerbsen) werden schon im Frühling ins Beet gesät, andere brauchen wärmeren Boden. Je nach Wetter ist die erste Ernte nach 2–3 Monaten möglich. Kräftige, verzweigte Äste dienen als rustikale Stütze.

Die robusten Buschbohnen sind in vielen Sorten (farbige Früchte!) erhältlich und beim Standort nicht besonders anspruchsvoll – sie vertragen sogar ein gewisses Maß an Schatten. Bei gestaffelter Aussaat können Sie kontinuierlich ernten.

Stangenbohnen brauchen wegen der Stützen mehr Platz als Buschbohnen. Außerdem bildet das Laub einen dichten Schirm, der Schatten auf das Beet wirft. Sie eignen sich als ungewöhnlicher Sichtschutz oder auf Torbögen.

Die anspruchslosen Dicken Bohnen vertragen kalten (frühe Aussaat) und schweren Boden. Die Hülsen brauchen bis zur Erntereife mindestens 3–4 Monate; früh geerntete, halbreife Bohnen schmecken besonders zart.

Da Salate in derart vielen Formen und Farben erhältlich sind, empfiehlt sich eine Beratung im Fachgeschäft. Kopfsalat, Eissalat oder Zuckerhut werden als Köpfe geerntet, von Pflücksalaten (z. B. 'Lollo' und Eichblattsalate) erntet man Blätter.

Beim Blumenkohl und Brokkoli werden die unreifen Blütenstände gegessen. Blumenkohl verlangt mehr Pflege (gießen, Blätter hochschlagen), Brokkoli ist anspruchsloser und kann mehrfach geerntet werden, dwa die Seitentriebe wieder austreiben.

Kopfkohl (Weißkohl, Rotkohl, Wirsing) saugt sich regelrecht mit Nährstoffen voll und muss in die Fruchtfolge (siehe oben) eingegliedert werden. Bis auf den Spitzkohl beanspruchen Kohlsorten viel Platz im Beet.

Lauch oder Porree wird ab dem Spätfrühling ins Beet gesät. Sein Geruch soll Möhren- und Zwiebelfliegen vertreiben – er ist ein guter Partner dieser Gemüse. Porree kann den ganzen Winter über geerntet werden (Aufhäufeln macht weiße Schäfte!).

Zucchini und Gurken brauchen eine stabile Kletterhilfe, einen sonnigen Standort und viele Nährstoffe (Starkzehrer). Um die Gefahr der Spätfröste zum umgehen, werden sie in Töpfen vorkultiviert und später ins Freiland umgesetzt.

Zwiebeln werden entweder gesät (Saatzwiebeln) oder als kleine Zwiebeln ins Beet gesetzt (Steckzwiebeln). Die Ernte beginnt, sobald das Laub vergilbt. Schalotten, Knoblauch, Lauch- und Etagenzwiebeln lieben lockeren Boden und Wärme.

Möhren werden direkt ins Beet gesät, brauchen aber mehrere Wochen, bis sie keimen („auflaufen"). Sie werden nach Bedarf geerntet, denn frisch schmecken sie am besten. Mit Saatbändern sparen Sie sich das Vereinzeln der Keimlinge.

Radieschen können ab dem Spätfrühling immer wieder ausgesät werden. Da sie schon nach wenigen Wochen geerntet werden, sind sie die idealen Lückenfüller. Die verschiedenen Sorten lassen in Form und Geschmack kaum Wünsche offen.

Wege und Schmuckelemente

Wege sind viel mehr als Verbindungslinien zwischen A und B. Sie sollen auf das Lust machen, was am Ende wartet, durch Wendungen Spannung erzeugen oder einen besonderen Blickfang perspektivisch ins beste Licht rücken.

Die Wege

Die Wege in einem Bauerngarten erfüllen einen doppelten Zweck: Sie gewähren ungehinderten Zugang zu den Beeten, daher müssen Wege im Gemüsegarten breit genug für eine Schubkarre sein. Andererseits tragen sie aber auch zur ästhetischen Wirkung des Gartens bei: Sie sind sehr präsente Symmetrie- und Blickachsen. Wenn ihre Aufgabe als Gestaltungselement überwiegt, in einem vorrangig für Zierpflanzen genutzten Garten, dürfen sie durchaus auch schmaler sein.

Gepflasterte Wege. Eine intensiv als Gemüsegarten genutzte Anlage braucht stabile Wege. Säen, Pflanzen, Bodenpflege, regelmäßiges Jäten, Ernte und das Ausmachen der abgeernteten Pflanzen – auch bei schlechtem Wetter – verlangt dem Wegbelag sehr viel ab. Ein festes Pflaster ist stabil, dauerhaft und schön. Ob Sie sich für Natur- oder Betonsteinplatten, Pflastersteine (Naturstein oder Betonformsteine) oder frostfeste Ziegelsteine entscheiden, ist dann nur noch eine Frage des persönlichen Geschmacks und nicht zu-

Abdeckglocken aus Terrakotta zum Bleichen von Gemüse setzen ebenso Akzente wie Skulpturen oder Spiegelkugeln.

Ein Rasenweg sieht zwar attraktiv aus, braucht aber sehr viel Pflege und leidet, wenn er häufig begangen wird. Er kann mit Trittsteinen „begehbarer" gemacht werden, stellt in Bauerngärten aber eher die Ausnahme dar.

letzt auch des Geldbeutels. Versuchen Sie, sich auf ein Material zu beschränken oder gehen Sie zumindest mit Materialwechsel sparsam um. Mit dieser Beschränkung fördern Sie die Geschlossenheit des Gartens. Machen Sie sich schon bei der Wahl des Materials die perspektivische Wirkung von Wegen zunutze: Wenn die Längsachsen des Belages in der Blickrichtung orientiert sind, erscheint der Weg länger und der Garten größer (dieser Effekt lässt sich sogar noch steigern, wenn der Weg im hinteren Teil etwas schmaler wird). Quer zur Blickrichtung orientierte Längsachsen „stauchen" dagegen die Weglänge.

Vermeiden Sie aber unabhängig vom gewählten Material starke ornamentale Verzierungen im Wegbelag (Kreise, Rauten und andere geometrische Muster). Sie lenken von der klaren, formalen Struktur ab.

Kieswege stellen eine preiswerte und ebenso authentische Alternative dar. Sie sind zwar nicht ganz so stabil wie ein gepflasterter Weg, vertragen normale Belastung aber recht gut. Wenn sie mit einem Rechen ab und zu in Form gebracht und gelegentlich mit neuem Kies aufgefrischt werden, behalten sie ihr attraktives Aussehen (mehr Aufwand ist nur im Herbst nötig, wenn Blätter entfernt werden müssen). Denselben Zweck bei etwas anderem Erscheinungsbild erfüllt Feinschotter (feine Körnungen werden im Handel auch als Splitt bezeichnet), der nicht aus runden, sondern kantigen Elementen besteht.

Sehen Sie sich den Unterschied zwischen Kies- und Schotterwegen in anderen Gärten oder im Baustoffhandel an, ehe Sie eine Entscheidung treffen. Sorgen Sie für eine solide, feste Unterlage (mit einer Rüttelmaschine) und breiten Sie unter dem Kies- oder Schotterweg ein wasserdurchlässiges Unkrautvlies aus, damit keine lästigen (Wurzel-) Unkräuter wie Löwenzahn durchtreiben.

Anlage eines Weges

Alle Wege werden zunächst etwa zwei Handbreit tief ausgekoffert und mit einem festen Untergrund aus grobem Kies oder Schotter gefüllt. Der Untergrund wird fest gerüttelt (für Do-It-Yourself Gärtner: in den meisten größeren Städten kann man Rüttelmaschinen ausleihen) und mit einem Sandbett oder mit Magerbeton aufgefüllt. Der Wegbelag wird ins Sandbett verlegt, die Fugen mit Sand verfüllt und die Steine fest gerüttelt. Achten Sie darauf, dass feste Wege mit einer leichten Wölbung nach außen verlegt werden, damit das Wasser abfließt und keine Pfützen stehen bleiben.

Unten: Mit Rindenmulch gestreute Wege fühlen sich unter den Füßen wie Waldboden an.

Rechts: Wer den Pflegeaufwand nicht scheut, wird mit einem großartig aussehenden Rasenweg belohnt.

Sowohl Kies als auch Schotter werden in unterschiedlichen Stärken und Farben angeboten. Feine Körnungen (ab etwa 5 mm) sehen „glatter" aus, lassen sich fester rütteln und sind damit leichter begehbar. Mittelgroße Körnungen (5–15 mm) wirken rustikaler, knirschen unter den Füßen und lassen sich mit dem Rechen rascher wieder in Form bringen. Entscheiden Sie sich in jedem Fall für eine natürliche Steinfarbe (gefärbter Kies/Schotter kann die Farbe verlieren) und lassen Sie sich nicht von den glänzend weißen Musterwegen im Baumarkt verführen – nach einem halben Jahr draußen im Wetter zeichnen sich auf weißem Kies Schmutz und Algen überdeutlich ab. Ein Schotterweg mit einer Körnung zwischen 8 und 15 mm in einer dunkleren Farbe (beispielsweise Granit, Marmor, Basalt) ist die unempfindlichste Lösung – eine gute Beratung beugt Enttäuschungen vor.

Wege aus **Rindenmulch,** ebenfalls mit Unkrautfolie unterlegt, wirken naturnäher, vertragen aber keine starke oder dauerhafte Belastung. Sie fühlen sich unter den Füßen angenehm weich an und passen gut zu einem mehr zum Ziergarten tendierenden Bauerngarten. Der Mulchbelag muss mindestens einmal jährlich aufgefüllt werden.

Sichern Sie die Ränder von Kies-, Schotter- und Mulchwegen unbedingt mit einer festen Kante, damit der Kies/Schotter/Mulch nicht in die Beete wandert. Metall- oder Kunststoffkanten lassen sich unter den wachsenden Buchsbaumhecken verstecken, während in Magerbeton verlegte Ziegel- oder Pflastersteine den Wegrand scharf definieren und ihm eine markante Note verleihen.

Schmuckelemente

Der ländliche Charme eines Bauerngartens zeigt sich eigentlich ganz ohne Schmuck, denn sein Reiz erwächst aus der symmetrischen Anordnung der Beete und der Auswahl der Pflanzen. In der Tat würde dort eine moderne oder klassisch nachempfundene Gartenskulptur eher als Fremdkörper wirken.

Natürlich müssen Sie auch im Bauerngarten nicht völlig auf schmückende Blickfänge verzichten, solange sie sich in das Gesamtbild einfügen. Bögen, Tore und

Pergolen wurden bereits im Zusammenhang mit den Zäunen und Hecken erwähnt. Sie sorgen am Eingang als vertikale Elemente für Höhe – besonders wirkungsvoll mit hübschen, blühenden Kletterpflanzen – und rahmen gleichzeitig den Blick in den Bauerngarten ein. Als Blickfang am Ende der Wege wirken Bögen wie Durchgänge in die Ferne und lassen den Garten größer erscheinen.

Eine Laube als Abschluss des Hauptweges erfüllt eine doppelte Funktionen: Sie stellt am Ende der Symmetrieachse den zentralen Blickpunkt von der Terrasse aus dar und ist gleichzeitig der ideale Ort, um sich zu entspannen und den Blick über den Bauerngarten zu genießen. In ihrer einfachsten Form besteht eine Laube aus einem begrünten Gerüst und einer Bank. Neben den oben beschriebenen Heckenpflanzen eignen sich alle Kletterpflanzen zur Begrünung. Rosen und Arten und Sorten der Waldrebe (*Clematis*) setzen zur Blütezeit faszinierende Akzente. Auch Goldregen (*Laburnum*; Vorsicht, giftig!) oder Glyzinen (*Wisteria*; Vorsicht, giftig!) bilden überreich blühende, hängende Blütenstände aus, während der immergrüne Efeu (*Hedera helix*, panaschierte Sorten sehen besonders attraktiv aus) oder der Laub abwerfende Wilde Wein (*Parthenocissus* mit hübschem Herbstlaub) eher durch Blattschmuck überzeugen. Auch die meisten Spalierobstsorten lassen sich über Lauben erziehen und fügen sich äußerst harmonisch in den Charakter eines Bauerngartens ein.

Art und Stil der Laube sollten auf die übrigen festen Elementen des Bauerngartens, vor allem auf das Tor, abgestimmt sein und die Konstruktion muss die Last der Kletterpflanzen tragen können. Wer die Laube nicht selbst bauen möchte (oder kann), findet ein beinahe unüberschaubares Angebot vor – von der verspielten, filigranen Metallkuppel für leichte, rankende Pflanzen bis zu rustikalen Konstruktionen aus Bohlen für schwere Kletterer wie Goldregen oder Glyzinen. Während kleine Lauben nur Platz für eine einzige Bank bieten, finden unter größeren Lauben durchaus auch ein Tisch und mehrere Sitzgelegenheiten Platz.

In kleineren Gärten reichen Bänke aus Holz oder Metall als interessante Blickfänge. Auch bepflanzte Töpfe, Kübel oder Schalen beiderseits des Sitzplatzes, am Eingang oder im Zentrum des Wegekreuzes ziehen die Blicke auf sich und sorgen für Abwechslung in der formalen Strenge.

Cottage-Gärten

Zauberhafte Vielfalt

Im Cottage-Garten wird die Vielfalt der ein- und mehrjährigen Blumen in möglichst dichter Fülle präsentiert. Die Rabatten im Cottage-Garten verwandeln einfache Beete in einen Rausch aus Formen, Farben und Düften.

Alte, duftende Rosen, eine filigrane Laube und Blumen, die das Beet zu sprengen scheinen – das Traumbild eines Cottage-Gartens.

Entspannung pur – nach getaner (Garten)Arbeit wartet die Hängematte.

Während moderne Bauerngärten von den mönchischen und bäuerlichen Vorgängern Kontinentaleuropas geprägt wurden, gehen ihre leichtlebigeren Vettern, die Cottage-Gärten, auf wohlhabende Bürger Englands zurück. Ihnen fehlte die strenge Geometrie, Symmetrie oder Formalität, alle Formen waren fließend und die Bepflanzung überzeugte durch bewusst üppige, blühende Fülle. Heute werden Cottage-Gärten gerne auch in einem geometrischen Rahmenwerk angelegt, doch innerhalb des Rahmens sprengen die überreich bepflanzten Beete dessen Grenzen.

Natürlich spricht nichts dagegen, in Cottage-Gärten Gemüse, Salat und Obst zu ziehen, doch im Kern sind sie Ziergärten, die der Entspannung dienen und durch ihre Schönheit, Ruhe und die Vielfalt der Farben und Formen überzeugen. Allerdings sind Cottage-Gärten alles andere als bequeme, pflegeleichte Anlagen. Die großen Beete und die Blumenfülle aus zahlreichen, sehr unterschiedlichen Arten müssen ständig gepflegt werden, damit besonders wüchsige Stauden nicht ihre Nachbarn verdrängen, Verblühtes muss regelmäßig abgeschnitten und Unkraut gejätet werden.

Planung und Gestaltung

Im Unterschied zu einem Bauerngarten haben Cottage-Gärten weder einen idealen Grundriss noch eine festgelegte Ordnung. Das ist einerseits sicher ein Vorteil, zwingt den Gartenbesitzer aber andererseits dazu, die Gestaltung seines Gartens sehr genau zu planen und sowohl an die Umgebung als auch die eigenen Bedürfnisse anzupassen. Es gibt keine Leitlinien wie das Wegekreuz, entlang derer man seinen Garten ausrichten kann. Die fehlende feste Ordnung darf aber keinesfalls mit Regellosigkeit verwechselt werden. Gerade ein „wie zufällig" wirkender Garten ist in besonderem Maße das Ergebnis einer wohl durchdachten Planung.

Beginnen Sie die Planung mit Ihren Wünschen und Bedürfnissen: Sind Sie eher der Freilufttyp – dann wäre eine Laube oder eine überdachte Pergola für Regentage genau das Richtige – oder reicht es Ihnen, den Garten vom Wohnzimmerfenster aus zu bewundern? Genießer Sie den Garten eher allein, im Rahmen der Familie oder laden Sie gerne Freunde und Bekannte ein? Im ersten Fall wären ein kleiner Sitzplatz, wenige, hochwertige Gartenmöbel und schmale Wege angemessen. Für Party im Garten müssen der Sitzplatz größer, die Möbel stapelbar (dazu ein Schuppen zur Aufbewahrung der Möbel) und die Wege breiter und stabiler sein. Auch ein fest eingebauter Grill bzw. ein Standplatz für einen größeren, mobilen Grill wären eine Option. Soll ein Wasserspiel oder ein Teich angelegt werden? Arbeiten Sie gerne im Garten? Dann sollten Sie Aussaat und Pflege von attraktiven Sommerblumen in die Beete in Betracht ziehen – ein kleines Gewächshaus für die Vorkultur versorgte Sie fast ganzjährig mit Nachschub für die Beete.

Stellen Sie mit Ihrer Familie zunächst eine möglichst vollständige Wunschliste

zusammen und engen Sie dann die Wünsche auf das Wesentliche ein – natürlich fair, damit jeder zu seinem Recht kommt. Junge Familien sollten in die Zukunft planen und nicht alles auf einmal und nebeneinander unterbringen wollen. Auf dem verdichteten Untergrund eines Kinderspielplatzes können Sie später ein Gartenhaus, eine Laube, einen gepflasterten Sitzplatz oder einen Teich unterbringen und eine Spielwiese kann umgegraben und in ein Beet verwandelt werden. Da in einem dicht bepflanzten Cottage-Garten größere Mengen Gartenabfälle anfallen, dürfen auf der Liste Kompostplatz und Abstellraum für die Gartengeräte nicht fehlen.

Bevor Sie die Wünsche räumlich umsetzen, lohnt sich ein Blick in die Umgebung. Natürlich darf man von einem Stadtgarten keinen freien Blick in unberührte Landschaft erwarten, aber Sie können schöne Ausblicke, wie Gehölze in den Nachbargärten und Ähnliches, durch Blickachsen einbeziehen. Verstellen Sie unschöne Ausblicke durch dichten Pflanzenwuchs oder kehren Sie ihnen einfach den Rücken zu, etwa in Form eines Sitzplatzes an der Gartengrenze, von dem aus Sie Ihren eigenen Garten betrachten.

Da sich ein Cottage-Garten wie ein Mosaik aus erwünschten Bestandteilen zusammensetzt, gleicht er eher einem „normalen" Garten als der geometrische

Links: Die kugeligen Blütenstände des Zierlauches scheinen auf ihren dünnen Stielen frei über den übrigen Pflanzen zu schweben.

Rechts: Kletterrosen auf Pergolen oder Bögen setzen Farbakzente in der Höhe und ermöglichen abwechslungsreiche Durchblicke.

Bauerngarten. Die Frage, ganze oder Teilfläche, stellt sich somit hier nicht, sondern der Charakter des Gartens wird wesentlich durch die großzügige Bepflanzung geprägt. Auch wenn es noch so schwer fällt: Für einen sauber beschnittenen Rasen mit scharfen Rasenkanten – möglichst noch rechteckig in der Gartenmitte – ist im Cottage-Garten eigentlich kein Platz. Ideal wäre stattdessen ein Rasenstück, das durch einen oder mehrere kleine Obstbäume aufgelockert wird. Im Frühling sprießen Zwiebel- und Knollenpflanzen (beispielsweise Krokusse, Narzissen, Tulpen, Traubenhyazinthen) und im Sommer färben Blumen (der Handel bietet spezielle Samenmischungen an, die regelmäßig im Frühling neu ausgesät werden) die Wiesen bunt. Solche „wilden" Wiesen werden nur im Sommer und Spätherbst gemäht. Wenn Sie glauben, nicht auf einen gepflegten Rasen verzichten zu können, sollte er sich zumindest durch geschwungene Grenzlinien und zungenförmig eingreifende Beete in das Gesamtkonzept einfügen.

Beginnen Sie die konkrete Umsetzung Ihrer Wünsche, indem Sie die Positionen der festen (gebauten) Elemente auf einem Gartenplan skizzieren – zunächst noch ohne die endgültige Größe und Form zu bestimmen:

- Wo ist der ideale Standort für einen Sitzplatz? Zusammen mit der Terrasse

Solche frei auf der Wiese stehenden Deckchairs passen hervorragend ins Ambiente eines Cottage-Gartens – wie der Rosenbogen.

am Haus legen einer oder mehrere Sitzplätze die wichtigsten Blickachsen durch den Garten fest. Eine begrünte Pergola oder Laube über dem Sitzplatz erfüllt eine doppelte Funktion: Von der Laube aus betrachtet man das Gartenbild wie durch einen grünen Rahmen. Aus der anderen Richtung verwandelt sich die Laube dagegen in einen Blickfang, der den Blick über den Garten stärker fokussiert als ein offener Sitzplatz.

- Kompostplatz und Geräteschuppen (mit blühenden Kletterpflanzen wird er zu einem interessanten Blickpunkt) müssen gut zugänglich, aber nicht unbedingt sichtbar sein.
- Auch die Position von Teichbecken – große Naturteiche eignen sich eher für einen naturnahen Garten – will gut überlegt sein. Gerade an Teichen finden sich viele Tiere ein, die erst aus der Nähe und bei längerer Beobachtung ihren Reiz entfalten. Der Teich muss nicht unbedingt neben Terrasse oder Sitzplatz angelegt werden, doch Sie sollten zumindest eine Bank vorsehen, um dem Spiel des Wassers und den Tieren in Ruhe zuschauen zu können.
- Einzelbänke sind auch an anderen Stellen sehr reizvoll, um bestimmte Aspekte des Gartens zu genießen.

Ein fester Sitzplatz wird im Sommer zum Treffpunkt für die Familie.

Je nach Gartengröße tragen einer bis mehrere kleinwüchsige Obstbäume (Apfel, Birne, Kirsche) auf einem Rasenstück zum Charakter des Cottage-Gartens bei. Selbstverständlich können Sie auch einen anderen Baum oder Strauch mit hübschen Blüten, Blättern (Herbstlaub!) oder Früchten pflanzen. Erkundigen Sie sich beim Kauf nach der Höhe und Breite des ausgewachsenen Gehölzes, damit ihr „Bäumchen" nicht später den gesamten Garten beschattet.

Gerade in kleinen Gärten sollte möglichst nicht alles von jeder Position aus sichtbar sein. Nutzen Sie die Beete (zur detaillierten Beetgestaltung siehe unten), um Spannung zu erzeugen. Gekrümmte Wege, die zwischen den Blumen zu verschwinden scheinen, hohe Pflanzen, die verbergen, was hinter ihnen wächst, Sträucher und begrünte hohe Elemente, die den Blick blockieren, kaschieren die tatsächliche Größe des Gartens und erzeugen einen Eindruck von mehr Weite und überraschenden Perspektiven und Durchblicken.

Wenn Sie die Positionen der festen Elemente und Beete im Prinzip festgelegt haben, planen Sie Wege als Verbindungslinien zwischen Terrasse, Sitzplätzen, Kompostplatz und Gartenhaus ein. Gestalten Sie das Wegenetz möglichst abwechslungsreich und mit gezielten Richtungsänderungen: Sehen Sie gerade, breite Wegstrecken als Achsen zu den häufig genutzten Stellen vor, während die Wege zwischen den Beeten oder zu einem Einzelsitz schmaler und gekrümmt verlaufen. Akzentuieren Sie den Wegverlauf durch Bögen, Tore und interessante Blickpunkte am Ende der geraden Abschnitte.

Zeichnen Sie zum Abschluss der Planung die festen Elemente und Beete in ihrer endgültigen Größe und Form in den Gartenplan ein. Beides ergibt sich beinahe zwangsläufig aus ihrer Lage zueinander und dem Verlauf des Wegenetzes. Nochmals zur Erinnerung: Die Blumenbeete sind die Hauptdarsteller im Cottage-Garten und keine Statisten, die irgendwo in den Randbereich verdrängt werden!

Hecken und Zäune

Während im klassischen Bauerngarten Zäune und Hecken als Rahmenwerk dienen, das die formale Symmetrie sinnlich greifbar werden lässt, sind Hecken im Cottage-Garten ein integraler Bestandteil der Bepflanzung. Auch Zäune treten durch Form und Anstrich stärker als Gestaltungselemente in Erscheinung.

Hecken

Eine glatt geschnittene Eibenhecke (*Taxus baccata*) – ein englischer Gartenklassiker – liefert als äußere Begrenzung des Gartens einen neutralen, grünen Hintergrund, vor dem sich die Farben der Blüten in den Beeten optimal präsentieren. Als kurze Barrieren (1–2 m lang) innerhalb des Gartens gepflanzte Eibenhecken verstellen wie Paravents den Blick und erhöhen die Spannung, weil sie neugierig auf die nicht sichtbaren Abschnitte machen.

Weitaus interessantere Grenzen nach außen, weil besser in das Konzept „blühende Fülle" integriert, bilden gestaffelte Hecken aus blühenden Sträuchern. Eine gestaffelte Hecke besteht aus Sträuchern unterschiedlicher Größe, die neben- und hintereinander gepflanzt werden. Da sie sehr viel lockerer und durchlässiger sind als kompakte Schnitthecken, wird der Garten nach außen durch einen neutralen Zaun (Maschendraht oder Drahtgitter) abgeschlossen. Dieser Zaun verschwindet hinter den Sträuchern und bleibt vom Gar-

Ganz links: Ein schmaler Weg führt durch grüne Buchsbaum-Skulpturen zum Durchgang in einer Eibenhecke.

Links: Die glatt geschnittenen Buchsbaumhecken rahmen den Rasenplatz ein; auch die Beete setzen ausschließlich auf Formschnitt und grüne Blattpflanzen.

ten aus weitgehend unsichtbar. Eine gestaffelte Hecke verbraucht zwar mehr Raum (je nach Strauchgröße 1,50–3 m Breite) als eine einreihige Schnitthecke, wirkt aber dank der Blüten, Blätter und Früchte wie eine in die dritte Dimension erhobene Erweiterung der Blumenbeete. Immergrüne, höher wachsende Abschnitte verbergen unschöne Ausblicke und sorgen für Abwechslung. Auch die wechselnde Tiefe der Strauchreihe lässt keine Langeweile aufkommen.

Zwischen der Planung einer gestaffelten Hecke und ihrer vollen Wirkung vergehen allerdings mehrere Jahre, bis die Sträucher ihre Endgröße erreicht haben. Ziehen Sie für die Vorauswahl ein Buch über Gartengehölze zu Rate und suchen Sie kompetenten Rat in einem guten Gartencenter/Baumschule. Stellen Sie die Hecke nach folgenden Kriterien zusammen:

- Wechselnde Höhen und Breiten: Die ausgewachsenen Sträucher müssen sich gerade durchdringen, ohne sich jedoch im Wuchs zu behindern (für die Planung: Schneiden Sie maßstabsgerechte Pappkreise im Durchmesser der ausgewachsenen Sträucher aus, die Sie frei miteinander kombinieren können). Achten Sie bei der Höhe auf Abwechslung, setzen Sie höhere Sträucher in den Hintergrund, niedrige in den Vordergrund.
- Abwechslungsreiche Wuchsformen: Gestalten Sie die Abfolge der Sträucher möglichst abwechslungsreich. Kombinieren Sie schmale, hohe mit kugelig wachsenden Arten und lockere mit kompakteren Wuchsformen.
- Wirkung zu allen Jahreszeiten: Manche Sträucher sehen nur zu einer bestimmten Zeit des Jahres (beispielsweise Forsythien im Frühling) prachtvoll aus, wirken im Rest des Jahres aber langweilig. Suchen Sie nach Arten, die zu unterschiedlichen Zeiten des Jahres als Blickfänge dienen könnten (Blüten, Früchte, Blattfarbe oder Herbstlaub), damit die Hecke dem Auge stets etwas zu bieten hat. Denken Sie auch an blühende, immergrüne Arten (Rhododendren), Sträucher mit attraktiven Zweigen (Korkenzieher-Hasel oder -Weide) oder farbigen Trieben im Winter (Hartriegel).

Dasselbe Prinzip gilt auch für die Hecken innerhalb des Gartens. Sie sollten einerseits den Garten gliedern und die Blicke lenken, andererseits durch Blüten und Blattfarben die Beete nach oben erweitern.

In der Tat kommt es nicht darauf an, jede einzelne Strauchart und deren Position innerhalb der Hecke präzise gegeneinander abzuwägen. Entscheidend ist der Gesamteindruck, der durch variable Wuchsformen, Höhen und die Farben geprägt wird. Eine gewisse „lässige Unordnung" unterstreicht sogar den locker-fröhlichen Charakter eines Cottage-Gartens.

Zäune

Die Zäune, als äußere Einfassung oder zur Abgrenzung innerhalb des Gartens, werden in die Gestaltung einbezogen. Schwere, wuchtige Zaunelemente drücken auf die Stimmung, während leichte, offene Elemente besser zum Flair des Gartens passen. Eine Ausnahme stellen Mauern oder Mauerstücke aus Ziegelsteinen dar, die durch Kletterpflanzen auf einem Rankgitter oder Spalierobst ihre Schwere verlieren und sich bestens einfügen.

Besonders hübsch, sowohl als äußere wie innere Begrenzung, sehen halbhohe Holzzäune aus senkrechten Latten aus. Solche Zäune werden unter verschiedenen Bezeichnungen angeboten, bestehen aber in der Regel aus zwei waagerechten Leisten zwischen Pfosten, auf denen senkrechte Latten befestigt sind. Ohne Anstrich wirken sie rustikaler und nehmen mit zunehmendem Alter und Verwitterung an Charme sogar noch zu. Weiß oder hellblau gestrichene Zäune fallen stark und kontrastreich zur Bepflanzung ins Auge – in Verbindung mit einem begrünten Torbogen in derselben Farbe bilden sie wirkungsvolle Blickfänge. Dunkelgrüne, graue oder dunkelblaue Zäune liefern dagegen einen neutralen Hintergrund für die Bepflan-

Links: Die rotblättrige Berberitze und die Blutbuchenhecke im Hintergrund bilden das farbliche Gegengewicht zum grün und rot/violett gehaltenen Beet.

Rechts: Weiß gestrichene Zäune mit dekorativen zugespitzten Zaunlatten dienen als kontrastreicher und doch verspielter Blickfang.

zung. Der Anstrich farbiger Zäune muss selbstverständlich alle paar Jahre erneuert werden.

Auch der obere Abschluss eines Holzzauns beeinflusst dessen Charakter. Gerade abgeschnittene Latten, die alle in gleicher Höhe enden, wirken ernster als Latten mit halbkreisförmigem Abschluss, die sich im fröhlichen Bogen von Zaunpfahl zu Zaunpfahl schwingen. Wer mehr Geld ausgeben möchte, könnte auch einen individuell gestalteten Metallzaun in Betracht ziehen. Traditionelle, edle Eisenzäune in historischem Dekor fügen sich hervorragend in einen Cottage-Garten ein

Alle Zäune in einem Cottage-Garten können zur Unterlage für blühende Kletterpflanzen werden. Neben kletternden Sträuchern (Rosen, Waldreben, Geißblatt, Kletterhortensien und andere), die sich vor allem für hohe Zaunelemente und Rankgitter an Mauern empfehlen, eignen sich vorrangig einjährige Arten und Sorten. Ihr Wuchs bleibt locker; sie unterstreichen die Wirkung des Zaunes, ohne ihn zu verdecken und das breite Angebot an Farben und Blütenformen lässt keine Wünsche offen. Typische Beispiele wären Prachtglocke (*Cobaea scandens*; einjährig gezogener Strauch), Prunkwinde (*Ipomoea* in mehreren Arten und Sorten), Wicken (*Lathyrus odoratus* in mehreren Sorten) oder Kapuzinerkresse (*Tropaeolum*). Selbst Nutzpflanzen, wie Bohnen oder Kürbis nutzen gerne einen Zaun als Kletterhilfe.

Beete – die Seele des Cottage-Gartens

In einem Cottage-Garten ist der Anteil der Blumenbeete relativ hoch, da ihre Blütenpracht den besonderen Zauber dieser Gartenform ausmacht.

Nichts lenkt die Aufmerksamkeit von den Beeten ab; der breite Rasenstreifen „fließt" wie ein grüner Fluss zwischen bunten Ufern.

Der hohe Beetanteil im Cottage-Garten macht es möglich, die beste, ästhetische Wirkung einzelner Beete oder Beetabschnitte auf bestimmte Zeiten im Jahr abzustimmen. Durch optische Trennung der Beete – mit Hecken oder höheren Sträuchern – treten die jahreszeitlichen Höhepunkte der Beete in den einzelnen Gartenabschnitten noch deutlicher in Erscheinung.

Das warme Rot der Ziegelsteinmauer bildet als ruhender Pol im Hintergrund die Kulisse für die Blütenpracht.

In den historischen Cottage-Gärten reichten die Blumenbeete meist bis dicht ans Haus heran und setzten sich über Rankgitter an den Wänden sogar am Haus selbst fort. Zeichnen Sie die Blickrichtungen (Terrasse, Sitzplatz, Einzelsitze) in den Plan ein und überlegen Sie, an welchen Stellen die Beete optimal zur Geltung kommen.

Lösen Sie sich von der Vorstellung, dass Beete rechtwinklig und am Rand des Gartens um den Rasen angeordnet sein müssen. Fließende Linien, geschwungene Ränder, Inselbeete, die mitten im Garten liegen oder Beete, die zungenförmig ins Zentrum einwachsen, passen viel besser zum Charakter eines Cottage-Gartens. Variieren Sie die Größe der Beete, um mehr Abwechslung zu schaffen und beziehen Sie die Vertikale in die Bepflanzung ein. Einfache Tore, Bögen, Säulen oder Rankgitter, an denen Rosen oder andere Kletterpflanzen emporwachsen, stellen äußerst attraktive Blickfänge und Durchblicke, der die je nach Standort des Betrachters den Rahmen für immer neue Aspekte bilden. Laubengänge mit blühenden Kletterpflanzen leiten die Blicke auf besonders hervorgehobene Pflanzen oder Objekte.

Die Beete in einem Cottage-Garten brauchen weder einen durchgängig formalen Rahmen aus einer festen Hecke noch eine bestimmte Form. Streben Sie keine „ordentlichen" Beete an, sondern gestatten Sie den Stauden und einjährigen Sommerblumen in ihrer Überfülle alle Grenzen zu sprengen – in Maßen selbstverständlich. Blätter und Blüten dürfen sich über den Beetrand neigen, auf die Terrasse hängen und gerade Wegkanten in einen geschwungenen Saum aus farben- und formenreichen Pflanzen verwandeln.

Dennoch hat auch im Cottage-Garten ein einzelnes, formales Beet mit Buchsbaumhecke an hervorragender Stelle durchaus seine Berechtigung. Es setzt den notwendigen Kontrapunkt zu den frei gestalteten Beeten und wirkt zwischen den üppigen Beeten wie ein ruhender Pol. Dieselbe Aufgabe erfüllen in Form geschnittene Sträucher – Kugeln, Kegel, Würfel oder Quader sowie organische Formen – die aber im Unterschied zum Bauerngarten nicht paarweise oder in anderer Form symmetrisch platziert werden.

Die Frage der Pflanzenauswahl für ein Beet lässt sich nicht auf Anhieb zufriedenstellend lösen. Ein gutes Cottage-Garten-Beet ist die Folge einer langjährigen Entwicklung – eigentlich wird der Idealzustand immer nur angestrebt und niemals erreicht. Entscheidend für die Wirkung ist eine geschickte Kombination aus verschiedenen Stauden mit einjährigen Sommerblumen, aus edlen, gezüchteten Sorten mit naturnahen Wildblumen.

Im kühlen Frühling, wenn man sich eher selten draußen im Garten aufhält, sorgen Zwiebel- und Knollenpflanzen unter den Hecken oder in Beeten im Hintergrund des Gartens für die ersten Farbtupfer des Jahres: Schneeglöckchen, Krokusse, Schneestolz (*Chionodoxa*), früh blühende Tulpen, Traubenhyazinthen (*Muscari*), Nieswurz (*Helleborus*), Winterling (*Eranthis*) oder die zahlreichen Formen der Narzisse (*Narcissus*). Die Blüten sollten von den Fenstern des Hauses aus gut sichtbar sein. Im Sommer, wenn man sich regelmäßig und längere Zeit im Garten aufhält, wird die Schauwirkung der Stauden und Einjährigen auf die Sitzplätze im Freien abgestimmt. Hier ist die Auswahl der möglichen Arten und Sorten fast unüberschaubar groß. Im Herbst nimmt die Zahl der möglichen Blumen wieder ab, doch gerade jetzt blühen, neben vielen anderen, die prachtvollen Gladiolen (*Gladiolus*), Chrysanthemen (*Chrysanthemum*) oder Astern (*Aster novi-belgii* und andere Arten und Sorten), die im Sommer hinter anderen Pflanzen im Beet kaum zur Geltung kamen. Je dichter sich Blumen jeglicher Art aneinander drängen, desto weniger Chancen haben die Unkräuter!

Ob und wie die einzelnen Arten miteinander auskommen, zeigt sich gewöhnlich erst nach einiger Zeit. Manche Stauden stellen sich unter den herrschenden Bedingungen als zu wüchsig heraus und müssen ausgetauscht oder umgesetzt werden; andere kümmern oder kommen neben ihren Nachbarn nicht zur Geltung. Wieder andere passen farblich oder in der Wuchsform nicht gut zusammen. Obwohl englische Gartengestalter, wie William Robinson oder Gertrude Jekyll, die Zusammenstellung der Blütenfarben zu einer hohen Kunst entwickelten („englische Staudenbeete"), macht gerade die scheinbar bunt zusammen gewürfelte Palette der Blütenfarben und Wuchsformen den eigentlichen Zauber der ursprünglichen Cottage-Gärten aus. Wagen Sie Experimente! Stellen Sie Rosen oder Dahlien mit Fingerhut (*Digitalis*), Frauenmantel (*Alchemilla*), Schafgarbe (*Achillea millefolium*), Malven (*Malva*), Stockrosen (*Alcea*) oder einfachen Margeriten zusammen. Probieren Sie aus, wie sich die in reicher Auswahl erhältlichen Sommerblumen (Aussaat möglichst direkt ins Beet) neben den Stauden machen und nutzen Sie auch die Möglichkeit, niedrige bis mittelhohe Blütensträucher (Rosen, Lavendel, Strauchpäonien, Hortensien und andere) ins Beet zu integrieren. Sehr hübsch sehen auch Kletterpflanzen aus, die mitten im Beet auf Säulen, Stangenzelten oder Obelisken wachsen. Schreiben Sie sich die Kombinationen auf und machen Sie Fotos von den gelungenen Experimenten – als Basis für das nächste Jahr.

Die Grundlagen der Beetgestaltung nach Farben, Formen und Höhen (siehe Seite S. 74 ff.) gelten zwar auch im Cottage-Garten, dürfen aber sehr frei interpretiert werden. So lange Sie nur darauf achten, dass in einem bestimmten Beet/-abschnitt gleichzeitig stets viele Arten blühen, kann eigentlich nichts schief gehen.

Rundbänke sind nicht nur ungewöhnlich und schön, sondern auch der passende Ort, um im Baumschatten Schutz vor der heißen Sommersonne zu finden.

Im Überblick: Beete – die Seele des Cottage-Gartens

Unter den Glockenblumen (*Campanula*) gibt es kriechende bis fast 150 cm hohe Arten oder Sorten. Die wunderschönen weißen bis tief dunkelblauen Blütentrichter stehen einzeln oder in Gruppen.

Pfingstrosen – Strauchpäonien (*Paeonia suffruticosa* und Hybriden) oder Stauden (*P. lactiflora* und Hybriden, *P. officinalis*) – brauchen einen sonnigen Standort und lockere Böden. Die meist mehr als faustgroßen Blüten sind echte Hingucker.

Die Nelken (*Dianthus*) in ihren zahllosen Spielarten gehörten von Anfang an zum Inventar der Cottage-Gärten. Sie verkörpern den nostalgischen aber bescheidenen Charme dieser Gartenform besonders authentisch.

Astern (*Aster*) blühen vom Sommer bis in den Herbst hinein. Sie geben nicht nur den Beeten späte Farbe, sondern sehen auch zwischen dem bunten Herbstlaub von Gehölzen prächtig aus.

Die Resenden (*Reseda odorata*) verdienen ihren Platz im Beet nicht wegen ihres Aussehens, sondern wegen des Duftes. Die anspruchslosen Einjährigen werden in Lücken direkt ins Beet gesät – möglichst nahe an einem Sitzplatz.

Levkojen (*Matthiola incana*) sind duftende Schnittblumen, die dank ihrer Höhe (bis 1 m) und der dichten Blütenstände im Beet auch weiter nach hinten rücken dürfen. Sie passen ebenso gut in den Bauerngarten.

Lilien (*Lilium*) sind besonders elegante Zwiebelblumen mit teilweise riesigen Blüten in vielen Farben. Pflanzen Sie stets mehrere Exemplare in einer Gruppe für besonders spektakuläre Wirkung zusammen.

Mannstreu oder Edeldisteln (*Eryngium*) bereichern das Beet vor allem durch die blau- bis graugrüne Farbe der Blätter (die Blüten sind stahlblau), die einen guten Kontrast zu weißen und pastellfarbenen Blüten bilden.

Eisenhut (*Aconitum*) überragt mit bis zu 150 cm Höhe die meisten anderen Blumen im Beet. Seine hohen, dichten Blütenstände sind gute Blickfänge – *A. carmichaelii* blüht bis in den Oktober hinein.

Fingerhut (*Digitalis purpurea* und andere) bringt einen Hauch natürlicher Wildheit ins Beet. Die hohen Blütenstände erscheinen im Frühsommer. Als Pflanze von Waldlichtungen verträgt Fingerhut sogar etwas Schatten.

Margeriten (*Chrysanthemum*, Wildformen und Hybriden) mit ihren einfachen Blütenköpfchen dürfen weder im Bauern- noch Cottage-Garten fehlen. Sie geben den Beeten einen natürlich – bescheidenen Anstrich.

Wege

Im Cottage-Garten treten die Wege stärker als Schmuckelemente aus eigenem Recht in Erscheinung als in einem formalen Bauerngarten.

Aus der Verteilung der Gartenelemente – Sitzplätze, Gartenhaus, Kompostplatz, Beete – und der Wertigkeit der Verbindungen – viel benutzte oder dekorative Wege – resultiert eine Hierarchie der Wege, die sich in der Breite, Festigkeit und Gestaltung des Belages niederschlägt.

Hauptwege

Viel benutzte Wege (100–120 cm Breite für die Schubkarre im Nutzgarten, zwei Personen nebeneinander im Ziergarten) brauchen einen festen Belag, um die Dauerbelastung ohne Schaden zu ertragen. Nehmen Sie sich Zeit für die Entscheidung, denn ein solcher Weg soll viele Jahre halten und wird den Garten auch ästhetisch prägen. Statt sich jahrelang über einen schlechten oder misslungenen Weg zu ärgern, lohnt es sich, etwas mehr Geld in die Hand zu nehmen und in einen hochwertigen Belag zu investieren. Gerade nach einem Neubau ist jedoch das Geld meist knapp – also doch billige Gussbetonplatten „für den Übergang"? Wie jeder weiß, gibt es aber kaum etwas Dauerhafteres als eine Übergangslösung. Als bes-

Das schräg zur Wegrichtung und zur Einfassung verlegte Natursteinpflaster und die geschwungenen Stufen zum Sitzplatz verwandeln den Weg in einen Hauptdarsteller.

Die Natursteinplatten vermeiden regelmäßige, gerade Linien – ein abwechslungsreicher Vordergrund für die Beete.

serer Kompromiss bietet sich an, den Wegverlauf auszukoffern und mit Feinschotter und Kies für den späteren Belag vorzubereiten. Kies oder Schotter, die als sichtbarer Wegbelag dienen, sehen auch als längerfristige Übergangslösung hübsch aus. Später bildet der Kies/Schotter den Untergrund für das Sandbett des geplanten Belages.

Natursteinplatten sind die teuerste, allerdings auch beste Lösung für den Belag, da sie als natürliches Material mit Pflanzen und Holz harmonieren. Da keine Platte genau der anderen gleicht, wirkt eine mit Natursteinen gepflasterte Oberfläche auch im Detail spannend.

In regelmäßiger, rechteckig beschnittener Form (in der Regel Sandsteinplatten) fügen sich Natursteinplatten zu einem dichten Verband mit schmalen Fugen zusammen. Gleich große Steinplatten wirken formaler als ein abwechslungsreicherer, gemischter Verband im Wechsel aus großen mit kleinen Platten (meist bekommt man die pro Quadratmeter benötigten, unterschiedlich großen Platten im Set).

Natursteinplatten in unregelmäßiger Form fügen sich dagegen zu einem bewegten, stark aufgelockerten Verband zusammen. Die zwangsläufig größeren Fugen zwischen den Steinen lassen sich wunderbar mit kriechenden Pflanzen füllen (Thymian, Stachelnüsschen, Teppichveronika, Felsenblümchen, Mauer-Zimbelkraut, Teppichminze oder die Teppichverbene 'Summer Pearls'). Moose und Flechten siedeln sich ohnehin von selbst an und sollten dort auch wachsen dürfen.

Pflastersteine aus Naturstein sehen zwar sehr urig und rustikal aus, ihre buckelige Oberfläche ist aber auf Dauer auf einem Hauptweg nicht besonders „fußfreundlich". Pflastersteine eignen sich dagegen sehr gut als Randbegrenzung oder lockern in Form schmaler Bänder einen Plattenverband optisch auf.

Betonformsteine sind in vielen Farben, Formen und Größen erhältlich und damit sehr vielfältig einsetzbar. Sie sind preiswerter als Natursteine und in guter Ausführung ebenso attraktiv. Ihre normierten Abmessungen (sofern Sie bei einem Anbieter bleiben) machen es möglich, auch Steine unterschiedlicher Größe zu beliebigen Mustern zusammenzufügen. Lassen Sie sich in einem Fachbetrieb beraten; dort sind in der Regel Musterflächen verlegt und Sie bekommen zusätzliche Informationen über mögliche Verbände. Außerdem bieten viele Firmen ausgewählte Steine als Set für fertige Muster an (Kreise, Rauten, Wellen), die in einen Weg eingelassen werden. Entscheiden Sie sich möglichst für gedeckte, naturnahe Farben; sie passen besser zum Pflanzenbewuchs als grelle Töne. Gebrannte, frostfeste Ziegelsteine (oder

Trittsteine im Blumen- oder Gemüsebeet sind bereits aus geringer Entfernung kaum noch sichtbar. Darauf können Sie das Beet betreten und die nötigen Arbeiten verrichten, ohne die Erde festzutreten.

Klinker auf Betonunterlage) gehören zu den traditionellen Wegbelägen im Cottage-Garten. Ihr warmer, natürlicher Rotton harmoniert wunderschön mit dem Blattgrün der Pflanzen, und da Struktur und Farbe der Ziegel leicht voneinander abweichen, fügen sie sich zu einer abwechslungsreichen Oberfläche zusammen. Dank der normierten Größe (zwei Ziegelsteine mit Fuge bilden ein Quadrat von derselben Größe wie vier mit der Schmalseite nebeneinander liegenden Ziegel) lassen sich eine Reihe von Mustern verlegen – im Fachhandel und Internet finden Sie Vorschläge. Das so genannte Fischgrätmuster aus schrägen Steinen ist beispielsweise schon seit dem Mittelalter verbreitet.

Aus der Kombination verschiedener Materialien und Formen erwächst eine besonders dynamische Spannung: Unterbrechen Sie längs verlaufende Linien aus Ziegelsteinen durch einen schmalen Querriegel aus Kies oder durch eine Holzschwelle; wechseln Sie quadratische, große Platten mit einem kleinflächigen Mosaik aus Pflastersteinen („Kleinpflaster") oder einem freien Mosaik aus Flusskieseln (in gleicher Höhe in ein Zementbett gedrückt) ab. Verlegen Sie aus Längsreihen kleiner, regelmäßiger Platten/Formsteine einen Rahmen für unregelmäßig

Die quer verlegten Ziegelsteine und die Pflanzen, die über den Weg wachsen dürfen, wirken der perspektivischen Wirkung des geraden Weges und der Bögen entgegen.

geformte Natursteinplatten und anderes mehr. Lassen Sie ihrer Kreativität freien Lauf! Die spannende Abwechslung kippt allerdings leicht in Unruhe um, wenn zu viele Materialien oder Formen verwendet werden. Bleiben Sie möglichst bei einer durchgängigen Material-Formen-Kombination und setzen Sie die Unterbrechungen sparsam und gezielt ein.

Die Hauptwege zu den Sitzplätzen erfordern, unabhängig von dem gewählten Pflaster, besondere Aufmerksamkeit. Sie leiten den Benutzer nicht nur physisch zu den beliebtesten und am häufigsten genutzten Aufenthaltsorten im Garten, sondern stimmen ihn auch innerlich auf den Genuss ein, auf einem Gartensessel zu sitzen und die herrlichen Beete zu betrachten – oder was immer man sonst auf einem Sitzplatz macht. Bedenken Sie auch, dass der Weg nicht nur zum Sitzplatz führt, sondern auch von dort sichtbar ist. Planen Sie daher auf der Strecke vom Haus zum Sitzplatz mindestens eine Unterbrechung als Blickfang ein, um den Wegeverlauf interessanter zu gestalten. Das kann beispielsweise ein kleiner Platz sein, in dessen Mitte Sie mit einer Gartenskulptur oder einem hübschen Blumenkübel einen Akzent setzen. Bereits eine geringfügige Vergrößerung dieses Platzes reicht für einen einzelnen Sitz aus, um von dort in Ruhe einen besonderen Aspekt des Gartens zu betrachten. Eine einfache begrünte Pergola (Pfosten am Rand des Platzes), ein Bogen, ein Rankgitter oder eine Laube verwandeln den flächigen Platz zur Blütezeit in ein dreidimensionales Highlight – wirkungsvoll aus beiden Blickrichtungen. Noch spannender wirkt der Weg, wenn er an diesem Platz seine Richtung ändert. Auf diese Weise reicht der Blick vom Haus und Sitzplatz nur jeweils bis zum Blickfang. Wenn Sie den Weg nicht in der Mitte, sondern am Rand der Terrasse beginnen lassen und in stumpfen Winkeln (oder kurzen Biegungen) abknicken lassen, können Sie selbst in kleineren Gärten mindestens zwei Richtungsänderungen einplanen.

Oben: Trittsteine sind eine interessante und praktische Lösung für wenig begangene Wegstrecken.

Rechts: Hier wurde eine einfache Mähkante neben dem Rasen durch Steine in unterschiedlichen Farben und Formen zum attraktiven Weg verbreitert.

Links: Der Rasenweg wirkt fast wie ein Teil des Beetes; erst das Tor weist auf seine eigentliche Funktion hin.

Rechts: Vor dem Hintergrund der alten Ziegelsteinmauer entfaltet sich ein üppiges Staudenbeet – der schmale Weg wird zur Nebensache.

Nebenwege

Die Nebenwege zu einzelnen Bänken oder Sitzplätzen dürfen schmaler sein (50–70 cm), da sie nicht so häufig begangen werden. Während die Hauptwege eher wie Achsen wirken, die auf ein sichtbares Ziel zustreben und damit den Blick lenken, sollte das Ziel der Nebenwege im Ungewissen verbleiben. Ein Weg zwischen zwei Beeten mit hohen Stauden und Sträuchern, der nach 2–3 m abbiegt, hat weder eine definierte Länge noch ein klares Ende. Erst wenn man diesem Weg folgt, sieht man, wohin er führt. Mehrfache Richtungsänderungen verstärken die Wirkung noch und verleihen solchen Wegen durch den Garten eine Aura von Überraschung und Geheimnis. Ein attraktiver Sitz an einer Erweiterung der Wegstrecke, beispielsweise unter einem Strauch oder zwischen begrünten Rankgittern, bietet Ihnen die Gelegenheit, sich in Ruhe zurückzuziehen und die Blüten zu betrachten.

In der Tat müssen Wege durch die Beete nicht einmal „echte", also regelmäßig genutzte Wege sein. Dekorative Wege von 40–50 cm Breite führen nirgendwo hin; sie enden blind mitten im Beet oder einer Hecke – das ist von der Wegmündung allerdings nicht sichtbar. Hanggrundstücke eignen sich besonders gut für Blindwege. Sie enden an Trockenmauern oder Treppen, die ins Nichts führen.

Für gestalterische Tricks dieser Art brauchen Sie keinen parkartigen Garten; schon auf einer Fläche von 50–60 m² können Sie ein spannendes Wegenetz anlegen: Ein einmal abknickender Hauptweg mit einer begrünten Pergola am Ort der Richtungsänderung zieht sich quer hindurch. Davon zweigt am Anfang ein schmaler Nebenweg ab, der in einem Bogen mit mehreren leichten Richtungsänderungen hinter der Pergola zurück zum Hauptweg führt, ihn kreuzt und in einem zweiten Bogen wieder zum Anfang der Gartenreise

führt. Da man den Wegeverlauf niemals völlig übersieht, erscheint der Garten größer als er tatsächlich ist. Mit einem weitläufigen Rasen wäre eine derartige Gestaltung nicht durchführbar!

Natürlich können Sie Nebenwege mit denselben Materialien wie Hauptwege pflastern, aber es bieten sich auch andere Möglichkeiten an: Legen Sie den Weg als Kies- oder Feinschotterweg mit Absicherung des Randes (Metallbänder, Ziegelsteine) an und platzieren Sie Trittsteine in Schrittabständen. Das können große, unregelmäßige Natursteinplatten oder je zwei bis vier Ziegel- oder quadratische Natursteine sein. Nach demselben Prinzip werden auch schmale Rasenwege in der Breite des Rasenmähers (sonst wird der Rasenschnitt sehr arbeitsaufwändig) angelegt und mit Natursteinplatten begehbar gemacht. In einem Mulchweg wirken Holzscheiben dekorativer – Vorsicht, sehr glatt bei Nässe.

Der dezente Weg umkreist ein Blumenbeet, das sich mit einer offenen, begrünten Pergola in die Höhe fortsetzt. Sitzbänke laden zur ruhigen Betrachtung ein.

Schmuckelemente

Schmuckelemente müssen nicht unbedingt teure Gartenskulpturen sein – es spricht allerdings auch nichts dagegen. Nutzen Sie die Möglichkeiten, die sich aus der Anlage des Gartens selbst ergeben.

Scheinbar beiläufig und gerade deswegen äußerst wirkungsvoll verwandeln sich Blumentöpfe und eine Laterne in dekorative Elemente (links), während sich die beiden Steinputten zwischen den Blumen zu verstecken scheinen (oben).

Jeder Zaun, jede Hecke wird durch ein attraktives Tor aufgewertet. Wir empfinden ein Tor als Durchgangsstation; wer es durchschreitet, tritt in einen anderen Bereich ein. Daher müssen dekorative „Scheintore" nicht wirklich begehbar sein. Bereits ihr Vorhandensein im Grenzzaun erweckt den Eindruck, an dieser Stelle erweitere sich der Garten. Das Tor erfüllt den Zweck eines Schmuckelementes und täuscht gleichzeitig einen größeren Garten vor. Die Bauweise und Ausstattung sollte sich im Stil an den Zaun anlehnen – tatsächlich sind für die meisten fertigen Zäune auch eine Auswahl von Toren lieferbar. Tore mit Torbogen sind außerdem praktische Unterlage für Kletterrosen oder Waldreben.

Eine weitere Möglichkeit für Schmuckelemente bietet das Beet. Viele Pflanzen müssen gestützt werden, damit ihnen Wind und Starkregen nichts anhaben können. Tauschen Sie einfache Bambusstäbe gegen Zierstäbe oder Obelisken aus Holz oder Metall aus. Für Hochstammrosen, deren überhängende Triebe dauerhaft unterstützt werden müssen, bekommt man attraktive Stützen aus Schmiedeeisen.

Aber auch einfache Weiden- oder Haselnusszweige, die zu Stangenzelten, Bögen oder kunstvollen Objekten zusammengebunden werden, bringen Abwechslung in die Welt der Pflanzenstützen. Wer gerne stöbert, findet auch auf Flohmärkten oder in Trödelläden sicher interessante Objekte, die sich als Pflanzenstützen eignen. Es macht gar nichts, wenn in einem Beet unterschiedliche Stützen verwendet werden, solange sie die Pflanzen nicht dominieren. Auch die beliebten spiegelnden Kugeln auf Stäben passen gut zur üppigen Blütenpracht eines Cottage-Garten-Beetes.

Das ländliche Element betonen Objekte aus dem bäuerlichen Lebensbereich. Weidenkörbe, Halbfässer, Urnen oder große, rustikale Krüge werden – als Blumenkübel mit der entsprechenden Bepflanzung – an geeigneter Stelle zu echten Blickfängen. Alte Schubkarren, Leiterwagen, Pflugscharen (mit Glück auf Trödel- und Bauernmärkten zu finden), Gießkannen, Heurechen, Hacken, Schaufeln und anderes Gerät verwandeln sich im Cottage-Garten in ländliche Skulpturen. Die alten Wasserpumpen, die früher in keinem Garten fehlen durften, werden inzwischen wieder in verschiedenen Ausführungen neu angeboten (perfekt wäre selbstverständlich ein altes Original vom Trödel). In Verbindung mit einem Wasserreservoir oder einer Wasserleitung erfüllen sie sogar einen durchaus praktischen Zweck. Mit einem Stein- oder Metalltrog und einer Tauchpumpe lässt sich die Wasserpumpe sogar in ein dauerhaftes Wasserspiel verwandeln. Selbst ein gemauerter Brunnen – funktionell als Brunnenbecken oder als dekorativer Gartenschmuck – mit Dach, Winde und hängendem Eimer, der mitten in einem gepflegten Rasen kitschig wirken würde, hat zwischen blühenden Beeten durchaus seine Berechtigung.

Wem das alles zu „bäuerlich" vorkommt, könnte sich nach alter britischer Tradition für eine Sonnenuhr oder ein Vogelbad auf einem Steinsockel entscheiden. Sie eignen sich dank ihrer schlanken, hohen Form wunderbar als Blickpunkte am Ende von Wegen oder an Kreuzungspunkten und sehen auch auf Grasflächen zwischen zwei Beeten gut aus. Originale sind sehr teuer, aber die Nachbildungen nehmen nach einigen Jahren die Patina des Alters an – Moose und Flechten sind erwünscht – und lassen das Objekt zum festen Bestandteil eines gewachsenen Gartens werden.

Auf Säulen oder Plinthen gestellte Sonnenuhren waren und sind ein faszinierender Gartenschmuck.

Im Überblick: Kletterpflanzen im Cottage-Garten

Die einjährigen Duftwicken (Lathyrus odoratus; bis 2 m) ranken sich in kurzer Zeit an Zäunen, Rankgittern oder Pergolen empor. Die Blüten und der angenehme Duft verzaubern den Betrachter.

Feuerbohnen (*Phaseolus coccineus*; bis 4 m) sind eigentlich Nutzpflanzen mit essbaren Früchten. Die sehr wüchsigen Pflanzen überziehen Stangen und Kletterhilfen rasch mit einem dichten Blätterkleid und bilden feuerrote Blüten.

Der Hopfen (*Humulus lupulus*; bis 6 m) ist eine verholzende Staude, die im Winter regelmäßig bis zum Boden erfriert. Hopfen ist sehr wüchsig und braucht viel Platz, um sich auszubreiten, beispielsweise über eine Pergola.

Hinter den sehr dicht stehenden Blättern der Kapuzinerkresse (*Tropaeolum*; bis 3 m, es gibt auch nicht rankende Sorten) verschwinden selbst kompaktere Strukturen.
Die leuchtenden Blüten heben sich gut von den Blättern ab.

Prunkwinden (*Ipomoea*; je nach Art/Sorte 3–5 m) ranken sehr rasch auf ihren Unterlagen hoch. Die trichterförmigen Einzelblüten sind kurzlebig; sie öffnen sich mit der Sonne am Morgen. Ständig neue Blüten verlängern die Blühperiode auf viele Wochen.

Der immergrüne Efeu (*Hedera helix*; bis 25 m!) ist die Kletterpflanze der Wahl, wenn größere Flächen im Schatten dauerhaft begrünt werden sollen. Seine Haftwurzeln brauchen aber einen festen, relativ geschlossenen Untergrund.

Geißblatt (*Lonicera*; bis 6 m) wächst auf jeder stabilen Kletterhilfe – von Spanndrähten bis Pergolen oder Lauben. Viele Arten verströmen einen süßen Duft, der abends und nachts besonders intensiv ist.

Lassen Sie sich in einem Gartencenter über das breite Angebot der Kletterrosen (*Rosa*; bis 5 m) informieren. Duftende, mehrfach blühende Sorten sind perfekt für Bögen, Lauben oder Wände.

Die Blätter der Pfeifenwinde (*Aristolochia macrophylla*; bis 10 m) werden bis 30 cm breit und überwuchern Lauben mit dem Flair eines tropischen Dschungels, wenn sie an einem sonnigen, geschützten Platz wachsen dürfen.

Während die Wildformen der Waldrebe (u. a. *Clematis alpina*, *C. montana* und andere; bis 8 m) kleine Blüten in üppiger Fülle und dichte Blattvorhänge bildet, überzeugen die schwächer wachsenden Hybriden (bis 3 m) durch große Blüten.

Der Wilde Wein (*Parthenocissus*; bis 15 m) ist eine anspruchslose Kletterpflanze mit hervorragendem Blattschmuck und prachtvoller Herbstfärbung. *P. quinquefolia* klettert besser über Balken, *P. tricuspidata* über glatte Flächen.

Die Kletterhortensie (*Hydrangea anomala* ssp. *anomala*; bis 7 m) klettert mit Haftwurzeln über Pergolen, Bögen oder Mauern. Die weißen, schirmförmigen Blütenstände heben sich gut von den glänzend grünen Blättern ab.

Landhausgärten

Planung und Gestaltung

Landhausgärten sind typische Gärten unserer Zeit. Sie sind nostalgisch-ländlich angehaucht, romantisch, lassen der Gestaltung aber viel Freiraum und werden den Bedürfnissen eines Familiengartens gerecht.

Großzügige Staudenbeete, Rasen, Bäume und ein Sitzplatz, um mit Familie und Freunden im Freien zu leben – das Ideal eines Landhausgartens.

Während Bauern- und Cottage-Garten historische Vorbilder haben, deren traditionelle Formen in Freilichtmuseen auch sinnlich erlebbar werden, ist der Landhausgarten eine Schöpfung unserer Zeit. In der Tat ist eine genaue Abgrenzung gegen Bauern- und Cottage-Gärten kaum möglich, denn Landhausgärten vereinen das Beste aus beiden in sich: Sie sind sowohl ländlich-formal als auch üppig-fröhlich und beziehen zudem wie selbstverständlich auch Stilelemente aus modernen Designergärten oder naturnahen Anlagen mit ein. Für den Gartenbesitzer, der einen Landhausgarten anlegen möchte, sind die Möglichkeiten daher beinahe unbegrenzt. Um jedoch eine Beliebigkeit zu vermeiden, braucht jeder Landhausgarten eine klare Struktur, die sich zwischen den beiden Polen ländlich-nostalgischer Charme und großzügige Weite verorten lässt. Besser lässt sich der Landhausgarten nicht charakterisieren – vermutlich gibt es so viele „Landhausgärten" wie Landhausgartenbesitzer. Er verkörpert, wie auch seine Vorbilder, eine romantische Vorstellung, eine Idee vom ländlichen Leben, dessen Atmosphäre auf einer überschaubaren Fläche hinter einem Haus möglichst authentisch und zugleich praktisch nutzbar verwirklicht werden soll.

Die Leitlinien der Gestaltung, die in den Kapiteln Bauerngärten und Cottage-Gärten beschrieben wurden, lassen sich auch auf den Landhausgarten übertragen und werden daher nicht noch einmal ausführlich aufgeführt. Ein gut gestalteter Landhausgarten ist eine Melange aus der geometrischen Formalität des Bauerngartens und der Blütenfülle des Cottage-Gartens.

Der gestalterische Anspruch besteht darin, die wesentlichen Elemente dieser beiden Gartentypen in möglichst geschickter Form räumlich miteinander zu vereinen. Im Idealfall geschieht das so, dass der Garten auch ein wenig von der großzügigen Atmosphäre eines „echten, großen" Landhauses atmet. Im Landhausgarten kommt es aber nicht darauf an, ein traditionelles Vorbild so genau wie möglich zu kopieren, sondern kreativ mit den Versatzstücken umzugehen und daraus einen Freizeitraum zu gestalteten, in dem sich die ganze Familie wohl fühlt. Das mag sehr theoretisch klingen, lässt sich aber in der Praxis in wenigen Schritten und mit viel Kreativität umsetzen. Der Schlüssel des Erfolges heißt räumliche Trennung und optische Abgrenzung der einzelnen Elemente:

- Beginnen Sie die Planung wieder mit der ungefähren Position der Blumen- und/oder Nutzpflanzenbeete, Sitzplatz/-plätze, Wege, Rasen, Teichbecken oder Wasserspiele, Kompostplatz und Geräteschuppen auf dem Gartengrundstück.
- Überlegen Sie sich, welche/s Element/e, Sie geometrisch-formal und welche/s fröhlich-informell gestalten möchten.
- Legen Sie die Form und Größe dieser Elemente fest.
- Trennen Sie die Bereiche durch Hecken, Zäune, Wege, Rasenstreifen oder Geländestufen voneinander ab, um den Garten in voneinander getrennte Räume zu gliedern.

Säulen, Plinthen, Urnen und andere Details verleihen einem Reihenhausgarten das Flair eines „großen" Gartens.

Halten Sie sich bei der Gliederung des Gartens an die alte und auch im Garten gültige Regel: „Weniger ist mehr". Gerade der Landhausgarten büßt deutlich an Charakter ein, wenn sich zu viele Elemente auf zu engem Raum nebeneinander drängen. Verzichten Sie lieber auf ein Beet, einen Teich oder Sitzplatz, wenn darunter die Großzügigkeit der Gesamtanlage leidet.

Die Kronen von eng gepflanzten, kleinen Bäumen verschmelzen zu einer Hochstammhecke von besonderem Reiz.

Geometrisch-formale Elemente. Die von einer niedrigen Buchsbaumhecke gesäumten Beete eines Bauerngartens fügen sich wunderbar in einen Landhausgarten ein. Im Kapitel über die Bauerngärten wurden einige Beispiele vorgestellt (siehe S. 16 ff.), wie Sie Teile eines Gartengrundstücks als Bauerngarten gestalten können. Diese Mustergärten lassen sich auch in den Landhausgarten übernehmen. Hinter einer Schnitthecke aus Buchsbaum, Hainbuche oder Eibe finden aber nicht nur Beete, sondern auch Kompostplatz und/ oder ein Geräteschuppen Platz. Ob Sie die Beete vorrangig als Salat-/Gemüsebeete oder für Zierpflanzen nutzen möchten, bleibt Ihnen überlassen. Im letzteren Fall bietet sich ein zusätzlicher Sitzplatz oder eine Laube an, um abseits vom übrigen Garten die Farben und den Duft der Beete zu genießen und seine Seele baumeln zu lassen.

Beziehen Sie bereits den Zugang in diesen separaten, formalen Gartenabschnitt mit ein. Lassen Sie die Heckensträucher rechts und links des Eingangs etwas höher wachsen und geben Sie ihnen mit der Heckenschere eine geometrische Form – Würfel, Kugeln, Säulen oder Pyramiden. Auch kleine, hochstämmige Bäumchen mit kugeligen oder flachen Kronen setzen äußerst wirkungsvolle Akzente. Wenn Sie den gartenseitigen Platz vor dem Eingang als Halbkreis gestalten, pflastern oder mit Kies bedecken, entsteht ein kleiner Vorplatz, den Sie mit einem Paar Blumenkübeln oder einfachen Gartenskulpturen (Kugeln, Steinvasen) in ein wirkungsvolles Entrée verwandeln. Der formale Charakter des Entrées wird noch gesteigert, wenn Sie diesen Halbkreis auf der Innenseite der Hecke zu einem Vollkreis ergänzen und die Schmuckelemente spiegelbildlich platzieren. Wer etwas tiefer in die Tasche greifen möchte, stellt gebogene Steinbänke (Nachbildungen historischer Vorbilder) auf und fühlt sich in seinem Garten wie Ludwig XIV.

Mit demselben gestalterischen Trick – Hecke, Formschnitt und/oder Vorplatz – verleihen Sie auch anderen Gartenelementen einen formalen Charakter: Grenzen Sie beispielsweise die Terrasse am Haus mit einer Hecke gegen den Garten ab und betonen den Durchgang durch Formschnitt oder zwei Blumenkübel. Wenn Sie die Möglichkeit haben, Pflanzen in einem Gewächshaus zu überwintern, können Sie sogar reizvolle, aber empfindliche Arten wie Lorbeer- oder Zitrusbäumchen in mediterranen Kübeln aufstellen.

Gerade das Beispiel Terrasse demonstriert eindrucksvoll die Flexibilität eines Landhausgartens: Wenn Sie an Stelle der Schnitthecke ein schmales Staudenbeet mit hoch wachsenden Arten anlegen und als Durchgang einen zierlichen Metallbogen aufstellen, verwandelt sich die formale Hecke am Terrassenrand in ein bunt-fröhliches Cottage-Garten-Beet. Über den Bogen wachsende Kletterrosen oder Waldreben heben die Blütenpracht in die Höhe. Die schwächer wachsenden *Clematis*-Sorten, wie 'Jackmanni', können sogar zusammen mit Rosen auf derselben Stütze wachsen.

Raumteiler schließen die „formale Seite" optisch ab und auch der Blick von der „informellen Seite" endet an der von Ihnen gesetzten Grenze.

Oben: Das runde Beet mit der niedrigen Hecke nimmt das Konzept des Rondells auf (Bauerngarten), gibt ihm aber mit dem Sprudelstein im Zentrum einen anderen Charakter.

Unten: Hecken grenzen Räume ab; sie kaschieren die Größe eines Gartens und machen thematische Wechsel in der Gestaltung möglich.

Knotengärten machen zwar viel Arbeit, sind aber von unvergleichlicher Wirkung.

Ein sehr ungewöhnliches formales Element stellen Knotengärten dar – für Gärtner mit Geduld und Lust an der Arbeit mit der Heckenschere. In einem Knotengarten werden Buchsbaum, Heiligenkraut (*Santolina chamaecyparissus*), Edel-Gamander (*Teucrium chamaedrys*), Ysop (*Hyssopus officinalis*) oder andere Kräuter mit dichtem Wuchs in Linien, Bögen oder Kreisen zu einem symmetrischen Muster zusammengefügt. Die Zwischenräume bleiben frei und werden mit farbigem Kies bestreut oder mit niedrigen einjährigen Sommerblumen bepflanzt. Die oft riesigen Parterres barocker Gärten liefern zwar die Vorbilder für kleinere Knotengärten (mindestens 1,50 × 1,50 bis 2 × 2 m), doch die beste Wirkung erzielen einfache Muster: Ineinander geschachtelte Quadrate (die Ecken berühren das jeweilige Außenquadrat an der Mitte der Seiten) oder Kreisbögen, die über die vier Seiten eines Quadrates geschlagen werden (die Schnittflächen sehen wie schmale, spitz zulaufende Ovale aus). Vorbilder für kompliziertere Muster finden Sie in Abbildungen historischer Gärten oder im Internet. Konstruieren Sie das Muster maßstabsgerecht mit Lineal und Zirkel auf Millimeterpapier, dann wird es mit Sandlinien auf den Gartenboden übertragen und die Pflanzen entlang der Linien eingepflanzt.

Platzieren Sie einen einzelnen Knotengarten vor oder ein Paar beiderseits der Terrasse – dort sind die Muster der Knoten aus dem Obergeschoss gut sichtbar. Auch der Platz vor einem separaten Sitz ist gut für Knotengärten geeignet. Da Buchsbaum im Schatten recht gut gedeiht, verwandeln Sie mit einem Knotengarten aus Buchs einen vernachlässigten Abschnitt des Gartens in einen kontemplativen Rückzugsort, an dem Sie wunderbar Ihren Gedanken nachhängen können.

Schnitthecken oder zu Formen beschnittene Sträucher können auch Rasenflächen, Teiche oder Sitzplätze abgrenzen. Zu Paaren zusammengestellt wirken sie wie Tore, die den Blick in eine erwünschte Richtung lenken. Eine alte, wiederentdeckte Heckenform sind die Hochstammhecken: Auf astlosen Stämmen (1–1,50 m) wachsen die Kronen zu einer in der Höhe „schwebenden" Hecke zusammen. Für einen trennenden Schirm reichen drei bis vier Hochstammbäumchen (beispielsweise kleinwüchsige Formen von Ahorn, Esche, *Catalpa*, Ginkgo oder Linde; in den Baumschulen meist zu Kugelformen getrimmt), die in Kronenbreite nebeneinander gepflanzt werden. Durch regelmäßigen Schnitt wachsen die Kronen dann zu einer geschlossenen Hecke zusammen.

Informelle Elemente

Alles was oben zu Form und Anordnung von Beeten ausgeführt wurde (siehe Cottage-Gärten, S. 46 ff.), gilt auch für den Landhausgarten. Hier kommt es allerdings wesentlich darauf an, die informell gestalteten Gartenräume sinnvoll und zwanglos von den formalen Abschnitten abzugrenzen. Stößt ein Knotengarten übergangslos direkt auf ein Cottage-Garten-Beet, wird

Links: Zur Blütezeit scheinen die Hochstammrosen frei über dem Grün der Beete zu schweben. Die kompakten Buchsbaumhecken stehen in starkem Kontrast zu der Spalierhecke im Hintergrund.

Unten: Der geschwungene Rasenweg dient als Trennlinie zwischen zwei unterschiedlich gestalteten Beeten.

die Wirkung beider Elemente abgeschwächt und im ungünstigsten Fall ist das Ergebnis mehr als unvorteilhaft. Schon ein breiter Weg, ein Rasenstück oder ein Sitzplatz fungieren als Trennlinie, doch am besten lösen Sie das Problem mit einer halbhohen Schnitthecke oder blühenden Sträuchern. Der Landhausgarten ist auch offen für ungewöhnliche, kreative Lösungen wie ein Streifenbeet mit Bambus (Wurzelsperre verlegen!) oder hohen Ziergräsern als trennendem Sichtschirm. Gerade Bambus bietet ungeahnte Möglichkeiten. Trennen Sie einen Teilbereich (formal oder informell) mit einem Bambushain ab und gestalten Sie dahinter einen Sitzbereich im japanischen oder fern-östlichen Stil mit einer Steinlaterne, Wasserbecken oder einer Buddha-Statue, in den Sie sich zum Nachdenken zurückziehen können.

Beetgestaltung

Die Blumenbeete im Landhausgarten sind separate Gestaltungselemente innerhalb des Gartenraums. Ihre Lage und Fernwirkung ist dabei ebenso wichtig wie die Bepflanzung.

Selbstverständlich können Sie auch in den Blumenbeeten eines Landhausgartens die fröhliche Unbeschwertheit eines Cottage-Gartens verwirklichen, aber es zahlt sich aus, etwas mehr Mühe in die Beetgestaltung zu investieren und die Beete stärker zu strukturieren. Versuchen Sie zunächst, mehrere Beete im Garten unterzubringen und sie optisch voneinander zu trennen. Die einzelnen Gartenräume brauchen nicht blickdicht gegeneinander abgeschlossen zu sein; es reicht völlig aus, sie durch angedeutete Raumteiler – Hecken, Rasenstreifen oder gepflasterte Wege, Zäune mit Kletterpflanzen – zu separieren. Geben Sie den einzelnen Beeten ein Thema:

- Jahreszeitenbeete, die jeweils im Frühling, Sommer oder Herbst zur größten Entfaltung kommen,
- nach Farbgruppen sortierte Beete, „heiße" rot-orangefarbene, „kühle" blaue, aber auch bunte Beete,
- Beete in Pastellfarben für die Nahwirkung neben der Terrasse oder einem Sitzplatz oder mit kräftig gefärbten Blütenfarben für gute Sichtbarkeit aus größerer Entfernung,

Oben: Die beiden Krüge, die Stühle, der Kopf und die Bank im Hintergrund setzen in diesem halbschattigen Beet reizvolle Akzente.

- Schattenbeete mit Blattschmuckpflanzen und Waldstauden,
- Beete mit Schnittblumen,
- Blumenbeete mit Gemüse bzw. Gemüsebeete mit Blumen
- oder jedes andere Thema, das Ihnen vorschwebt.

Selbstverständlich lassen sich die verschiedenen Themen auch kombinieren: „heißes Frühlingsbeet“ mit leuchtenden Tulpen und Narzissen; „kühles Sommerbeet“ mit Glockenblumen und silbrigem Ziest; „herbstliches Blattschmuckbeet“; „buntes Schnittblumenbeet“ usw. Wenn Sie die Beete durch blühende Sträucher trennen möchten, stimmen Sie deren Blütezeit und -farben, sowie die herbstliche Färbung der Blätter auf die Farben und Formen des Beetes ab.

Staffeln Sie die Pflanzen innerhalb des Beetes nach der Höhe. In Beeten, die von nur einer Seite betrachtet werden, gehören die größten Pflanzen in den Hintergrund, bei Inselbeeten, die von allen Seiten sichtbar sind, ins Zentrum des Beetes. Nach vorn/außen hin nimmt die Höhe der Pflanzen kontinuierlich ab.

Achten Sie innerhalb jeder Höhenstufe auf einige besonders prächtige Arten/Sorten, die als Blickfänge dienen (Leitpflanzen oder Prachtstauden) und stellen Sie ihnen farblich passende Begleiter zur Seite

Links: Im Frühling erhellen die Pastelltöne der Tulpenblüten den lichten Schatten unter den Bäumen.

Die Höhenstaffelung der Stauden – vorn niedrig, hinten hoch – sollte keineswegs peinlich genau eingehalten, sondern wie hier abwechslungsreich variiert werden.

(Begleitpflanzen). Das können niedrigere Stauden, einjährige Sommerblumen, Ziergräser oder attraktive Gemüse (Mangold 'Ruby Chart', Zierkohl; auch Salate wie Lollo Rosso, Eichblattsalat oder Radicchio) sein. Bis auf wirklich stattliche Arten (Fackellilien, Kugeldisteln, Rosen, Pfingstrosen, Taglilien und andere mehr), die häufig auch einzeln gut zur Geltung kommen, sollten Sie stets mehrere Exemplare einer Art zu einer kleinen Gruppe zusammenstellen. Durch die Wiederholung der Gruppe bekommt das Beet Rhythmus und mehr Spannung.

Stellen Sie sich die Oberfläche des Beetes als Landschaft vor, die von den „Bergen" im Hintergrund oder Zentrum über „Hügel" bis in die „Ebene" des Vordergrundes abfällt. Wie jede attraktive Landschaft wird auch das Beet durch Täler und Flüsse gegliedert: Pflanzen Sie gebogene, lange Schwünge einer Art/Sorte, die sich wie farbige Bänder durch das Beet ziehen und die Höhenstufen zerschneiden. Solche Schwünge (Drifts) wirken als verbindendes Element; die daneben wachsenden, wechselnden Partner sorgen entlang ihres Verlaufes für Abwechslung. Setzen Sie mit kuppelförmig wachsenden (Frauenmantel, Funkien, Lavendel, Nelken, Salbei und viele andere) oder schmal-aufrechten Arten (Fingerhut, Rittersporn) Akzente in der Höhe. Rankhilfen, wie Tipis aus Bambusstäben, auf denen blühende Kletterpflanzen (Schwarzäugige Susanne, Duftwicken, Kapuzinerkresse) wachsen, verleihen dem

Die Obelisken für Rosen bringen ein rhythmisches Element in den geometrischen Garten, der auch mit dem Element des Wegekreuzes spielt.

Beet die erwünschte ländliche Leichtigkeit, die gut zum Landhausgarten passt.

In Jahreszeitenbeeten erreichen die Begleitpflanzen ihren Höhepunkt zur gleichen Zeit wie die prachtvollen Leitpflanzen. Wenn Ihnen ein Beet besser gefällt, das Sie über einen möglichst langen Zeitraum mit bunten Blüten erfreut, wählen Sie Leitpflanzen, die zu unterschiedlichen Zeiten blühen: Hyazinthen und Kaiserkronen im Frühling; Lupinen, Orientalischer Mohn und Schwertlilien im Frühsommer; Dahlien, Prachtscharten (*Liatris*), Rittersporn, Rosen, Schafgarbe (*Achillea millefolium* Hybriden) und Steppenkerzen (*Eremurus*) im Hochsommer; Astern, Chrysanthemen, Fackellilie (*Kniphofia*), Gladiolen, Kokardenblumen (*Gaillardia*) und Sonnenhut (*Rudbeckia*) im Herbst. Kombinieren Sie als Begleitpflanzen Zwiebel- und Knollenpflanzen für den Frühling mit Sommerblumen, die in die Lücken zwischen den Frühblühern gesät werden. Zusammen mit ein paar niedrigen Ziergräsern wechseln sich Phasen der Blüte und des grünen Blattschmucks über einen langen Zeitraum ab. Besonders hilfreich sind auch Arten, die über einen langen Zeitraum blühen, wie Katzenminze (*Nepeta*), Mädchenauge (*Coreopsis*), Prachtspiere (*Astilbe*), Purpur-Fetthenne (*Sedum telephium*) oder Schleierkraut (*Gypsophila paniculata*).

Im Überblick: Blickfänge im Blumenbeet

Gladiolen (*Gladiolus*-Hybriden) vereinen in sich die Üppigkeit eines Cottage-Gartens mit dem edlen Flair eines Landhausgartens. Die großen, dicht stehenden Blüten sind in allen Farben erhältlich – außer reinem Blau.

Rosen (*Rosa*, Arten und Sorten) gehören in jeden Landhausgarten; die Formvielfalt ist allerdings überwältigend. Reich gefüllte, duftende Sorten (beispielsweise „alte" oder „englische" Strauchrosen) mit samtigen Farben passen am besten.

Außerhalb der Blütezeit erinnern Taglilien (*Hemerocallis*) an ein großes, unscheinbares Grasbüschel. Die teilweise riesigen Blüten, die täglich neu erscheinen, verwandeln das „Gras" dann in einen prachtvollen Blickfang.

Das Tränende Herz (*Dicentra*) verkörpert die nostalgische Romantik vergangener Zeiten. Da die Pflanze einen lichten Schatten braucht, fühlt sie sich nicht nur im Blumenbeet, sondern auch zwischen Sträuchern wohl.

Tulpen (*Tulipa*, Arten und Sorten) sind unverzichtbar im Landhausgarten. Stellen Sie interessante Mischungen aus farblich abgestimmten Sorten zusammen und setzen Sie Akzente mit Gefransten oder Papageien-Tulpen.

Die starren, aufrechten Blätter der Schwertlilie (*Iris*) liefern auch jenseits der Blütezeit einen spannenden Formkontrast. Die riesigen Blüten in fast allen Regenbogenfarben passen zu vielen Farbthemen.

Die Gartenlupinen (*Lupinus*-Hybriden) wirken am besten in einer Gruppe von drei bis fünf Pflanzen. Ihre hohen, dichten Blütenstände (80–120 cm) überragen die meisten mittelhohen Stauden.

Die große Auswahl der Storchschnäbel (*Geranium*) fügt sich in jedes sonnige bis halbschattige Beet ein. Neben den eher zarten Blüten überzeugen sie durch die schön gelappten Blätter – sie geben dem Beet einen Wiesencharakter.

Schmuckkörbchen (*Cosmos*) sind einjährige Pflanzen, die in die Lücken gesät werden, die Tulpen und andere Frühblüher hinterlassen. Die großen Blüten scheinen über einer Wolke aus filigranem Laub zu schweben.

Der Orientalische Mohn (*Papaver orientale*) verankert sich mit einer starken Pfahlwurzel und lässt sich nicht verpflanzen. Auf seine intensiv gefärbten, großen Blüten (leider kurzlebig) folgen attraktive Kapseln.

Herbst-Anemonen (*Anemone Japonica* Hybriden) blühen bis in den Oktober hinein. Die zarten Blütenfarben erinnern an Porzellan. Sie vertragen eine gewisses Maß an Schatten – gute Partner für den spät blühenden Eisenhut.

Treppauf – treppab: Höhenstufen

Höhenstufen sind ein wirkungsvolles Gestaltungsmittel, um Gartengrundstücke in Räume zu untergliedern und sie abwechslungsreicher zu gestalten.

Bei Grundstücken mit natürlichem Gefälle ist das Anlegen von Höhenstufen zwangsläufig notwendig, um ebene Flächen für Beete, Rasenstücke und Sitzplätze zu schaffen. In der Tat lassen sich aber selbst auf flachen Grundstücken niedrige Höhenstufen konstruieren. Beauftragen Sie bei Neubauten den Bauunternehmer, einen Teil des Aushubes für eine Geländestufe zu verwenden. Auch beim Ausschachten von Teichen oder Anlegen von stabilen Fundamenten für Gartenhäuser oder Wege fällt Erde an, die Sie zur Konstruktion einer Stufe nutzen können. Dabei kommt es nicht darauf an, meterhohe Böschungen zu schaffen, bereits eine 20–30 cm hohe Stufe reicht aus, um am Übergang in einen anderen Gartenraum einen Höhenakzent zu setzen. Ob die Höhe vom Haus aus ansteigt oder abfällt, spielt nur eine untergeordnete Rolle, denn Höhenstufen erfüllen ihren Zweck selbstverständlich auch beim Blick von einem Sitzplatz im Garten zurück zum Haus. In Kombination mit einer Hecke auf der oberen Ebene wirkt eine Stufe noch markanter.

Links: Die in gleicher Höhe glatt beschnittenen „Eibenblöcke" fügen den natürlichen Höhenstufen eine dritte Ebene hinzu.

Das Abstützen von hohen Geländestufen ist keine Arbeit für den Hobbygärtner, denn der Erddruck auf die Stützmauer ist enorm! Überlassen Sie solche Arbeiten einem Fachmann.

Während ein formal gestalteter Gartenraum auf der tieferen Ebene am besten mit einer Mauer zum Beispiel aus Ziegel- oder Sandsteinen abgeschlossen wird, passen Trocken- oder Feldsteinmauern besser zu informellen Bereichen. In den Spalten und Ritzen einer Trockenmauer fühlen sich Steinkraut (*Alyssum*), Farne (*Asplenium*, *Athyrium*, *Blechnum*), Steinbrech (*Saxifraga*), Schleifenblume (*Iberis*), einige Nelkenarten (*Dianthus*) und andere Steingartenpflanzen wohl. Binden Sie die Mauer einfach in das Bepflanzungsschema ein. Legen Sie bei der Gestaltung besonderen Wert auf die Treppenstufen. Sie können im gleichen Material wie die Stützmauer angelegt werden, sich aber auch kontrastreicher präsentieren – beispielsweise Holzschwellen (Setzstufe) mit Pflastersteinen (Trittstufe), Sandsteinplatten (Trittstufe) mit Ziegelsteinen (Setzstufe) oder Natursteine (Setzstufe) mit Kies (Trittstufe). Achten Sie beim Anlegen einer Treppe auf Stabilität und rechnen Sie für die Höhe der Setzstufe in etwa 15 cm und 30–40 cm für die Tiefe der Trittstufe. Bei größeren Höhenunterschieden (deutlich höher als 50 cm) sorgt ein Podest nach drei bis vier Stufen für Abwechslung; danach läuft die Treppe in derselben oder einer anderen Richtung weiter; auch Gabelungen sind möglich (Treppen über hohe Geländestufen müssen vom Fachmann gebaut werden!).

Selbst wenn die Gartensituation keine Höhenstufen zuzulassen scheint, sorgen Sitzplätze auf einem Sockel aus Ziegel- oder Natursteinen oder ein Holzdeck, das eine Stufe höher liegt als die Gartenebene, für einen spannenden Unterschied im Höhenniveau. Mit einer zierlichen Laube auf einem Sockel erscheint der Wechsel der Ebenen noch ausgeprägter.

Rechts: Eine Treppe, der mit Bodendeckern bepflanzte Hang und eine Stützmauer im Hintergrund betonen den Wechsel in der Höhe.

Ganz links: Rechts und links rahmen Pfeiler mit bepflanzten Steinschalen den Treppenaufgang ein; das konzentrische Pflaster wirkt wie ein Entrée.

Links: Versenkte Sitzplätze schaffen eine intime Atmosphäre.

Mit vertikalen Akzenten beiderseits des Treppenaufgangs wird der Übergang von Stufe zu Stufe stärker betont. Klassische, traditionelle oder moderne Gartenskulpturen tragen ebenso zum Flair bei, wie paarweise Pflanzkübel, in denen Hochstammbäumchen oder -rosen, Formsträucher oder bunte Sommerblumen wachsen. Besonders hübsch sehen kriechende Arten aus, deren Triebe über den Rand des Gefäßes wuchern dürfen. Durch den Stil der Gefäße – edler Stein oder Terrakotta, beziehungsweise rustikale Halbfässer oder einfache Krüge – unterstreichen Sie den Charakter des jeweiligen Gartenabschnittes. Denselben Zweck erfüllen rechts und links des Aufgangs gepflanzte Sträucher oder große Stauden. Sofern die Treppe breit genug ist, vereinen sich kleinere Blumentöpfe auf jeder Stufe zu einem farbigen Band, das den Treppenaufgang säumt. Ein Blickpunkt in der Flucht der Treppe scheint den Garten perspektivisch zu vergrößern.

Das Spiel mit den Höhenunterschieden kann auch „negativ" gespielt werden:

- Legen Sie beispielsweise einen versenkten Sitzplatz (50–100 cm unterhalb der Gartenebene) an, der über mehrere Stufen zugänglich ist. Je nachdem, ob Sie ihn mit einer bogenförmigen oder geraden Mauer, aus Natur- oder Ziegelsteinen, als Trocken- oder feste Mauer abschließen, ob Sie mobile Möbel aufstellen oder auf gemauerten Bänken sitzen, ändert sich der Charakter des Sitzplatzes.
- Heben Sie eine flache Grube (30-50 cm Tiefe) mit einer Fläche von mindestens 6–10 m^2 aus. Zusammen mit einer Bank entsteht ein sehr intimer Senkgarten mit einer ganz eigenen Stimmung. Bepflanzen Sie einen schattigen Senkgarten mit Farnen und Waldstauden und lassen Sie einen kleinen Wasserlauf über Steine plätschern (Sie brauchen nur eine Tauchpumpe und ein kleines Auffangbecken). In sonniger Lage können Sie ein Teichbecken, in vollsonniger Lage auch ein Kräuterbeet oder Blumenbeet anlegen.

Teiche und Wasserspiele

Jede Form von Wasser bereichert den Garten. Wasser bedeutet Leben – im Wortsinn – es lockt Tiere an, beruhigt, kühlt und lässt die Gedanken fließen.

Geometrische Spiegelteiche fangen das wechselnde Spiel des Himmels ein und reflektieren die Elemente des Gartens.

Obwohl sich Wasserelemente in jeden der drei Gartentypen – Bauern-, Cottage-, Landhausgarten – einfügen, ist der Landhausgarten dafür besonders prädestiniert. Zu seinem noblen Charakter passen allerdings ein formal gestalteter Teich oder ein Teichbecken besser als ein naturnaher Teich in fließenden Formen. Wer seinem Landhausgarten einen naturnahen Charakter geben möchte, braucht selbstverständlich nicht auf einen Naturteich zu verzichten. Grenzen Sie ihn einfach mit einem Bambushain oder einem Beet mit hohen Ziergräsern von den formalen Elementen des Gartens ab.

Formale Teiche und Teichbecken werden im Vergleich mit Naturteichen sparsam bepflanzt. Einzelne, ausgesuchte Pflanzen oder Pflanzengruppen – in größeren Teichen inselhaft auf der Fläche verteilt – brechen die klaren Linien der Teichränder, ohne die Wirkung der Wasserfläche zu beeinträchtigen.

Formale Teiche oder Teichbecken haben einen wichtigen Vorteil gegenüber dem Naturteich: Sie erzeugen die erwünschte Stimmung auf kleinerer Grundfläche, weil sie ohne die Gliederung in Tiefwasser, Flachwasser und bepflanzte Uferzonen auskommen. Bereits ein 5–10 m^2 großer, formaler Teich wirkt elegant und großzügig und Teichbecken dürfen sogar noch merklich kleiner sein.

Teichbecken

Teichbecken sind üblicherweise quadratisch oder rechteckig. Frei stehende, runde Formen erinnern eher an einen Brunnen, während halbrunde Becken am besten vor einer Mauer zur Geltung kommen (Mauerbrunnen). Da Teichbecken nur teilweise in die Erde eingelassen sind, wird die sichtbare oberirdische Einfassung zum wesentlichen Bestandteil der

Wie immer Sie das Ambiente auch gestalten, planen Sie einen Ort ein, um das Spiel von Licht und Wasser zu genießen – von einer einfachen Bank bis zu einem kompletten Sitzplatz.

Teichbecken präsentieren die Wasserpflanzen auf einer höheren Ebene und sind, dank der Umrandung, eigenständige Gestaltungselemente.

Gestaltung. Damit werden Teichbecken zu markanten Dekorationselementen, die mit einer Wasserfläche oberhalb des Bodenniveaus den Charakter eines Gartenraumes prägen.

Die einfachste und sicherste Konstruktion besteht aus einem selbst tragenden Kunststoffbecken als Innenschale, das mit der gewünschten Einfassung ummantelt wird. Obwohl die Kunststoffbecken, die in festen Größen vom Fachhandel angeboten werden, eigentlich keine Wünsche offen lassen, können Sie bei Bedarf und mit den nötigen Fachkenntnissen auch ein Teichbecken aus Beton gießen oder mauern. Gemauerte Becken werden innen verputzt und, ebenso wie der Beton, mit einem wasserdichten Anstrich versehen. Wählen Sie eine dunkle Farbe, damit die Wasseroberfläche den Himmel, Wolken und die Pflanzen der Umgebung widerspiegelt.

Die sichtbare Ummantelung bestimmt den Charakter des Beckens: Schwere Holzbohlen oder Natursteine (auch als Klinker) als Außenfront wirken rustikaler, während Ziegelsteine oder gebrannte Klinker dem Teichbecken einen formalen Anstrich geben. Wenn Sie den Rand breit genug anlegen, dient er als Sitzfläche oder kann mit Blumentöpfen und Skulpturen dekoriert werden.

Spielen Sie verschiedene Möglichkeiten der Gestaltung durch, bevor Sie sich entscheiden: Rundum frei stehende Becken (Ziegel- oder Klinkerverkleidung) setzen den Teich als Dekorationsstück ins Zentrum der Aufmerksamkeit. Mit wenigen, ausgesuchten Pflanzen – eine attraktive, tropische Seerose (*Nymphaea*), Sumpfkalla (*Calla palustris*) oder Zwerg-Rohrkolben (*Typha*) – die eine spiegelnde Wasserfläche frei lassen, wird der Teich zum Blickfang eines formalen Gartenraumes.

Rückt die Bepflanzung dagegen auf einer oder zwei Seiten dichter an das Teichbecken heran, kann das Becken auch nahe der Grundstücksgrenze stehen. Mit hohen Ziergräsern, Bambus, Farnen und großblättrigen Arten, wie Rhabarber (*Rheum palmatum*), Schaublatt (*Rodgersia podophylla*), Schildblatt (*Darmera peltata*) und Tafelblatt (*Astilboides*) erzeugen Sie ein dschungelartiges Ambiente. Dazu passen Wasserpflanzen, die fast die gesamte Oberfläche einnehmen, beispielsweise Blumenbinse (*Butomus umbellatus*), Froschlöffel (*Alisma*), Tannenwedel (*Hippu-*

In diesem weitläufigen Garten bildet das quadratische Teichbecken ein starkes Gegengewicht zu den weicheren Formen der Beete und Pflanzen.

ris vulgaris) und Wasserfeder (*Hottonia*). Auf dem Rand stehen Blumenkübel mit kriechenden Pflanzen, deren Triebe sich über die Wand des Beckens schlängeln.

In Verbindung mit einem Wasserspeier in einer Mauer wird das Teichbecken zum Brunnenbecken, das beispielsweise eine versteckte Gartenecke aufwertet. Leise plätscherndes Wasser, Moose, Farne, Efeu, der über die Mauer klettert und eine Steinfigur verleihen dem Raum um den Brunnen eine mystische, geheimnisvolle Aura.

Formale Teiche

Ein formaler Teich unterscheidet sich vom Naturteich durch die regelmäßige Form und einen definierten Abschluss der Uferlinie ohne Randbepflanzung, die den Teich deutlich von der Umgebung absetzen. Natursteinplatten (beispielsweise Sandstein, Schiefer, Granit), die wenige Zentimeter über die Teichkante nach innen ragen, stellen die eleganteste Lösung dar.

Runde oder quadratische Teiche (mindestens 1–2 m Durchmesser bzw. Kantenlänge) strahlen Ruhe und Sicherheit aus; sie lassen sich schon auf kleinstem Raum anlegen. Rechteckige Teiche enthalten ein Element der Richtung, sie lenken die Blicke, brauchen allerdings mehr Platz (6–10 m^2). In einer Rasenfläche, vielleicht umgeben von einer Schnitthecke, verleihen sie dem Garten ein großzügiges Gepräge. Spiegelteiche mit dunklem Untergrund und sparsamer Bepflanzung spiegeln die Umgebung wider und scheinen die Grenzen des Gartens zu erweitern. Auch schmale, kanalartige Teiche (mindestens drei- bis viermal so lang wie breit), die den Blick in ihre Längsrichtung lenken, erzeugen perspektivisch eine größere Weite. Der Effekt stellt sich allerdings nur ein, wenn ein Sitzplatz an einer Schmalseite des Teiches die Blickrichtung festlegt. Sofern es die Gartengröße zulässt, können Sie auch mehrere, kleinere Teiche anlegen, die durch schmale Kanäle miteinander verbunden sind und sogar Richtungswechsel einplanen. Mit einem geringen Gefälle und einer Tauchpumpe im tiefsten Becken setzen Sie das Wasser in Bewegung.

Bewegtes Wasser

Je nach der Gewichtung der formalen und informellen Gartenanteile fügen sich, neben dem oben bereits erwähnten Wandbrunnen, alle möglichen Wasserspiele in einen Landhausgarten ein. Installieren Sie Springbrunnen in Teichen oder stellen Sie separate Brunnen auf. Das Angebot reicht von historisch nachempfundenen Brunnenschalen, sogar mit figürlichen Wasserspeiern für klassisch-formale Gartenräume, bis zu eleganten, stylischen Sprudelbrunnen aus Naturstein oder Stahl. Es kommt nicht unbedingt darauf an, ein „stilechtes" Wasserspiel zu finden, denn gerade Kontraste sorgen für Abwechslung und Spannung.

Es spricht nichts dagegen, sich von Abbildungen in Büchern, Zeitschriften, Katalogen oder im Internet anregen zu lassen, aber sehen Sie sich das Objekt Ihrer Begierde wenn irgend möglich vor dem Kauf in der Realität an. Wasserspiele (inklusive Verlegung der Wasser- und Stromleitungen für die Pumpen) sind nicht nur kostspielig, sondern auch sehr dominante Elemente der Gestaltung – über eine falsche Entscheidung ärgern Sie sich jahrelang!

Das Wasser plätschert aus einem Wandbrunnen in eine schmale Rinne und fließt durch den Garten.

Wege, Sitzplätze und Accessoires

Wege und Sitzplätze können Gartenräume trennen, sind aber auch verbindende Elemente. Wege in Verbindung mit attraktiven Blickfängen geben einer Fläche Struktur und Perspektive.

Wegführung und Typus der Wege im Landhausgarten unterscheiden sich nicht wesentlich von den Möglichkeiten, die oben für den Cottage-Garten vorgestellt wurden (siehe dort). Achten Sie auf den Unterschied zwischen Haupt- und Nebenwegen und stimmen Sie die Materialauswahl darauf ab.

Da der Reiz eines Landhausgartens letztlich im Wechsel von formalen und informellen Abschnitten besteht, sollte sich dieses Spannungsfeld auch in den Wegen widerspiegeln. In formalen Gartenräumen dominieren die geraden, perspektivisch auf einen Blickpunkt zulaufenden Wege, während in den locker bepflanzten Abschnitten geschwungene Wege vorherrschen. Auch der Wegbelag sollte sich dem Charakter des Gartenraums anpassen – Ziegelsteine und regelmäßige Natursteinplatten im formalen, Kies, Feinschotter, Mulch und unregelmäßiges Natursteinpflaster im informellen Gartenteil.

Sitzplätze sind die perfekte Ergänzung zum Stil des Gartens oder einzelner Gartenräume; sie fügen sich zwanglos ein oder akzentuieren durch Kontrast. Daher sollten Belag, Sitzmöbel und die Pflanzen am Rand des Sitzplatzes gut aufeinander abgestimmt sein.

Wenn der Garten groß genug ist, lohnt sich die Suche nach einem abgeschiede-

Der informelle Sitzplatz auf dem Rasen ist beinahe das einzige farbige Element im abwechslungsreichen Grün des Gartens.

Indirekte, tiefe Lampen auf Bodenniveau setzen Wege und Treppen ins rechte Licht, ohne tagsüber ins Auge zu fallen. Gut sichtbare Leuchtkörper sollten dagegen zum Stil des Gartens passen – edel oder verspielt, nüchtern oder fröhlich.

Bei der Auswahl von Gartenskulpturen sind dem Gartenbesitzer keine Grenzen gesetzt – erlaubt ist, was gefällt.

nen Platz für ein kleines Gartengebäude, beispielsweise in einer Ecke des Grundstücks. Stellen Sie dort eine filigrane Laube aus Metall oder Holz als intimen Aufenthalt für zwei oder als stillen Rückzugsort auf, um den Garten zu betrachten, ein Buch zu lesen oder Ihrer Lieblingsmusik aus dem Kopfhörer zu lauschen. Vom Haus oder einem anderen Sitzplatz aus dient das attraktive Gebäude als Blickfang am Ende einer Blickachse.

Besondere Beachtung verdienen einzelne Stühle und Bänke an hervorragenden Stellen im Garten, insbesondere wenn sie als Blickpunkte das Ende von Wegen oder Durchblicken markieren. Die Nachbildungen berühmter englischer Gartenbänke (Glenham, Rothesay, Sissinghurst und andere) wirken ohne weitere Zutaten wie Skulpturen, da ihre organischen Formen die Blicke beinahe zwangsläufig auf sich ziehen. Achten Sie beim Kauf von Teakmöbeln aber unbedingt auf die Herkunft aus nachhaltigem Anbau (Ökoholz-Siegel *Forest Stewardship Council*, FSC, ein grüner, stilisierter Baum).

Selbstverständlich gibt es Alternativen: Farbig angestrichene, einfache Holzbänke sind gute Stimmungsmacher und attraktive Blickfänge: Leuchtendes Rot hat eine starke Signalwirkung, Grün- und Blautöne fügen sich wunderbar in eine pflanzliche Umgebung ein. Selbst ein einzelner Stuhl kann bei entsprechender Platzierung und entsprechenden Anstrich zum Blickfang werden. Mit einem Blumenkübel oder einem ländlichen Accessoire auf der Sitzfläche verliert er zwar seine eigentliche Funktion, wird aber zur ultimativen Gartenskulptur. Auf Flohmärkten findet man häufig alte Eisenstühle aus Gartenrestaurants, die sich wunderbar für diesen Zweck eignen.

Ähnlich wie im Cottage-Garten tragen auch im Landhausgarten Skulpturen zum Flair des Gartens bei. Je nach Stil des Gartenraumes setzen nachempfundene klassische Statuen, Urnen und Blumenschalen, Vogeltränken, Sonnenuhren, fröhliche Tonfiguren, skulpturale Blumenstützen bis hin zu modernen Plastiken interessante Akzente. Suchen Sie nach Standorten, an denen die Skulpturen überraschend ins Blickfeld kommen – versteckt zwischen Pflanzen, nach Wegbiegungen, am Ende von Durchblicken, die sich nur aus bestimmten Richtungen öffnen. Denken Sie auch an ihre Kinder: Sie freuen sich über bunte Objekte, die vom Wind bewegt werden.

Wenn Sie den Garten auch nach der Dämmerung nutzen möchten, muss er beleuchtet werden. Das Angebot der Fachgeschäfte lässt kaum einen Wunsch unerfüllt. Denken Sie auch daran, besondere Blickfänge (beispielsweise einen Rosenbogen, eine Bank zwischen Sträuchern, eine Gartenskulptur, ein Teichbecken) durch Spotlights hervorzuheben. Eines oder wenige ausgesuchte Objekte, die damit aus der Dunkelheit hervorstrahlen, erzielen eine bessere Wirkung als eine hell ausgeleuchtete Gartenbühne.

Ländlicher Garten

Die „wilde“ Fläche unter den Bäumen setzt einen Kontrapunkt zum sauber gemähten Rasen.

Die große Freiheit

Während die innere Gliederung und Ausstattung von Bauern-, Cottage- und Landhausgärten dem jeweiligen Hauptthema untergeordnet sind, ist der ländlich geprägte Garten völlig frei in der Gestaltung.

Es gibt sicherlich gute Gründe für einen Gartenbesitzer, sich nicht auf ein Thema festlegen zu lassen. Das können Kinder sein, die einen großen Rasen und eine Spielfläche für sich beanspruchen, der Wunsch nach einer ausgedehnten Teich- oder Bachlandschaft oder einfach ein Bauchgefühl – immerhin steht „Wohlfühlen“ ganz oben auf der Liste des Gartengenusses.

In einem genügend großen Garten stellt sich dieses Problem nicht. Hier lassen sich separate Gartenräume durch Zäune oder Hecken abtrennen. Hinter der Grenze ändert der „freie“ Garten sein Gesicht und wird zum Bauern-, Cottage- oder Landhausgarten. Leider hat nicht jeder diese Möglichkeit, denn ein üblicher Reihenhausgarten ist einfach zu klein für eine derartige Mehrfachnutzung. Dennoch ist es möglich, auch einem kleinen, frei gestalteten Garten den Hauch von ländlicher Idylle zu geben.

Letztlich sehen wir das, was wir sehen wollen und können aus Andeutungen auf ein Ganzes schließen. In solchen Andeutungen liegt das Geheimnis eines ländlich geprägten Gartens. Verbannen Sie den Komposthaufen nicht lieblos in eine Ecke, sondern geben Sie ihm durch ein Rankgitter mit blühenden Kletterpflanzen und ein Minibeet mehr Gewicht (Gurken, Kürbisse, Zucchini oder Kapuzinerkresse dürfen über den ruhenden Kompost klettern). Dann reicht schon eine kleine Bank zwischen Sträuchern, um Sie im Geist auf einen Bauernhof zu versetzen.

In vielen Gärten steht ein Gartenhaus, um Geräte und Gartenmöbel aufzunehmen. Statt es, von der Terrasse aus gut sichtbar, fast wie einen Fremdkörper, zu platzieren, verstecken Sie es doch hinter einem schmalen Beet mit Beerensträuchern, Stangenbohnen und Bauerngartenblumen.

Ob Kräuterspirale, Kräuterbeet, Gemüse und Salat im Blumenbeet, eine Rabatte in fließenden Formen, in denen typische Blumen eines Cottage-Gartens wachsen, oder nur eine rustikale Pergola, es gibt viele Möglichkeiten, den Eindruck ländlicher Idylle zu erzeugen.

Im Folgenden werden einige Versatzstücke vorgestellt, die sich gut und einfach verwirklichen lassen. Weitere Anregungen liefern die Kapitel über Bauern-, Cottage- und Landhausgärten, denn viele dort behandelte Elemente lassen sich mit etwas Kreativität auch in einem normalen Garten verwirklichen. Achten Sie jedoch immer darauf, das ländliche Element gut in den vorhandenen Garten einzubinden. Eine Kräuterspirale mitten im englischen Rasen wirkt unpassend bis störend; am sonnigen Rand des Gartens, neben einigen Beerensträuchern oder einer Reihe mit Sonnenblumen, kommt sie dagegen bestens zur Geltung.

Ein Schuppen muss keineswegs ein langweiliger Aufbewahrungsort für Gartenwerkzeuge sein!

Machen Sie sich, insbesondere wenn Sie den Garten neu anlegen, auch Gedanken über seine langfristige Nutzung. Vielleicht ändern Sie in der Zukunft Ihre Meinung über einen „guten" Garten. Wenn Sie die Versatzstücke – Beete, Kompost, Sitzplätze, Gartenhäuser, Kräuterspirale und anderes mehr – geschickt platzieren, halten Sie sich die Option offen, sie später in einen anderen Gartentyp einzubinden. Und warum soll das nicht ein Bauern-, Cottage- oder Landhausgarten sein?

Heil- und Küchenkräuter

Heil- und Küchenkräuter sind ein wunderbarer „Appetizer“ für Gartenbesitzer, die unbedingt eine eigene (kleine) Ernte einfahren möchten, aber keine Lust haben, viel Platz für Gemüsebeete zu opfern.

Fast alle Kräuter sehen schon im grünen Zustand wunderschön aus und viele überraschen als Zugabe mit herrlichen Blüten. Die meisten duften verführerisch, wenn man mit der Hand darüber streicht und so gut wie alle sind – der richtige Standort vorausgesetzt – äußerst pflegeleicht. Für die Ente der vielfältig in der Küche oder als Heilkraut nutzbaren Pflanzen reichen eine Gartenschere und ein kleiner Korb.

Leider haben Kräuter auch einen Nachteil: Gerade die attraktivsten Vertreter brauchen die Bedingungen des Mittelmeeres: direkte Sonne im Sommer, wasserdurchlässiger, nährstoffarmer Boden und milde Winter. Daher gedeihen mediterrane Kräuter im Steingarten prächtig, kümmern aber im Blumenbeet Seite an Seite mit den Stauden, denn dort ist der Boden zu nährstoffreich.

Selbst diesen Nachteil können Sie aber ins Positive wenden, da Kräuter nur sehr wenig Platz beanspruchen. Tauschen Sie

Kräuter – hier Dost und Schopflavendel – lassen sich zu interessanten Farbkombinationen zusammenstellen.

Trockenmauern sind wunderbare Biotope für viele Kräuter – und attraktive Blickfänge.

für eine Kräuterecke den Boden lokal einfach in kräutergerechtes Substrat (Gartenerde mit Sand und feinem Kies mischen) um. Auf einer Fläche von einem einzigen Quadratmeter, das entspricht zweimal 20 × 250 cm als schmaler Wegsaum oder zweimal 50 × 100 cm beiderseits einer Sitzbank, wachsen bereits mehr als genug Kräuter für die Küche. Ohne die anderen Nutzungen stark einzuschränken, lassen sich an vielen Stellen im Garten „Kräuterinseln" einrichten, die als Blickfänge aus eigenem Recht die Gartenlandschaft bereichern. Im Folgenden werden einige traditionelle Kräuterbeete vorgestellt, doch sicher fallen Ihnen auch andere spannende Lösungen ein, die genau auf ihren Garten zugeschnitten sind.

Die Kräuterspirale

Kräuterspiralen sind dreidimensionale Beete, die dank ihrer Größe und Bauweise markante Blickfänge bilden – verstecken kann man sie kaum. Nutzen Sie das attraktive Aussehen: Setzen Sie mit einer Kräuterspirale an einem sonnigen Platz am Ende einer Blickachse oder neben dem Sitzplatz einen Akzent.

Kräuterspiralen bieten einen sehr handfesten Vorteil, denn im Grunde sind sie überdimensionale Blumentöpfe. Sie werden mit einem Boden gefüllt, der genau auf die Ansprüche der Pflanzen abgestimmt ist! Ob der übrige Gartenboden sandig, lehmig oder tonig ist, spielt keine Rolle.

Inzwischen bieten manche Gartencenter fertige Kräuterspiralen an. Sie bestehen aus einer Spirale aus Metallbändern (mit oder ohne Steinbeschichtung), die auf den Boden gesetzt und mit Erde gefüllt wird. Damit können zwar selbst ungeübte Bastler eine Kräuterspirale aufzustellen, doch ihnen fehlt das Charisma einer selbst gebauten Spirale. Besser sind Modelle, die als Bausatz aus Steinen angeliefert und im Garten aufgebaut werden – von da ist es nur ein kleiner Schritt zur völlig in Eigenarbeit konstruierten Kräuterspirale.

Als Baumaterial kommen Ziegelsteine (auch Betonformsteine) oder gebrochener Naturstein in Frage: Ziegelsteine brauchen ein stabiles Fundament aus Beton, während Natursteine auf einem Kiesbett aufgeschichtet werden. Für eine niedrige

Kreise und Bögen konstruieren

Zum Bau einer Kräuterspirale, aber auch für geschwungene Rasenkanten brauchen Sie präzise Kreise oder -abschnitte. Mit einem Schnurzirkel geht das ganz einfach: Binden Sie eine Schnur an einen angespitzten Stock. Er wird als Mittelpunkt des geplanten Kreises fest in den Boden gesteckt. Mit einem zweiten Stock, der im Abstand des Radius an die Schnur gebunden wird, kratzen Sie den Kreis mit gestraffter Schnur in den Boden. Streuen Sie den Kreisbogen mit Sand ab – fertig.

Wenn die Steinspirale aufgeschichtet ist, wird sie mit Schotter und Erde befüllt.

Stellen Sie die Kräuter nach Ihrem persönlichen Geschmack zusammen und denken Sie auch an ein paar attraktiv blühende Kräuter.

Arrangieren Sie die Containerpflanzen vor dem Einpflanzen so lange um, bis Sie mit der Gesamtwirkung zufrieden sind.

Kräuterspirale (max. 60 cm hoch) kann die Mauer in einfacher Dicke (Läufer- oder Binderverband) gemauert werden, um den Durchmesser der Spirale zu verringern. Höhere Spiralen brauchen doppelte Mauerstärke (Block- oder Kreuzverband). Auch Natursteinmauern sind breiter und vergrößern den Durchmesser der Kräuterspirale.

Eine Kräuterspirale aus Ziegelsteinen hat einen edleren, fast formalen Charakter, da die glatten Flächen der Mauern und geraden Linien der Ziegelsteine den üppig wuchernden Pflanzen einen festen Rahmen vorgeben. Dagegen wirken Kräuterspiralen aus Natursteinen, die nach dem Prinzip einer Trockenmauer aufgeschichtet wurden, rustikaler und ungezwungener. Es gibt keine geraden Linien, keine regelmäßigen Flächen und wenn in den Lücken und Spalten zwischen den Steinen Polsterpflanzen wuchern dürfen, erinnert eine Naturstein-Kräuterspirale nach einigen Jahren an eine alte Burgruine, wo aus allen Ritzen Blätter und Blüten hervorsprießen.

In beiden Fällen beginnt die Konstruktion mit einem Kreis von 2,50 m bis 3 m Durchmesser, dem äußeren Umfang der Kräuterspirale. Er kann bei einer Spirale aus Ziegelsteinen in einfacher Mauerstärke bis auf 1,50 m reduziert werden, darunter würden die Pflanzflächen zu schmal.

Streuen Sie dann mit Sand eine Spirale auf den Boden (bei sehr schwerem Boden wird der Kreis vorher eine halbe bis ganze Spatentiefe ausgekoffert und mit Schotter aufgefüllt), die vom Kreisbogen nach innen läuft. Insgesamt sollte sie etwa 1½ Windungen machen. Legen Sie probeweise eine Lage Steine auf die Sandspirale und

Auch das kann ein „Kräutergarten" sein: Lavendel à la Provence als Einfassung eines runden Sitzplatzes.

korrigieren Sie den Verlauf, bis alles passt. Heben Sie für die Natursteinmauer einen Graben entlang der Sandspirale aus und füllen Sie ihn mit Kies auf, bzw. gießen Sie das Betonfundament für die Ziegelsteinmauer.

Dann legen oder mauern Sie die Steine für die Wände auf – außen auf Bodenniveau, an der höchsten Stelle um die 80 cm. Der Raum zwischen den Mauern wird jeweils bis zur halben Höhe mit Schotter gefüllt. Füllen Sie den unteren Abschnitt mit normaler Gartenerde, den oberen mit einer Mischung aus Gartenerde, feinem Kies und Sand auf.

Ein Miniteich als unterer Abschluss gibt der Kräuterspirale den letzten Pfiff und schafft beste Bedingungen für Wasserminze oder Brunnenkresse. Im unteren Teil wachsen auf Gartenerde Kräuter wie Schnittlauch, Petersilie, Kerbel, Pimpinelle oder Basilikum, im oberen Abschnitt finden mediterrane Kräuter den wasserdurchlässigen, nährstoffarmen Boden vor, den sie lieben: Bohnenkraut, Rosmarin, Salbei, Lavendel, Majoran, Ysop und Thymian (wächst auch in Ritzen der Trockenmauer).

Erscheint Ihnen die dritte Dimension einer Kräuterspirale zu wuchtig? Dann verlegen Sie das Kräuterbeet eben in die Ebene. Eine traditionelle Form wäre beispielsweise ein Kräuterrad, in dessen Segmenten („Tortenstücke") jeweils ein Kraut wächst. Mit Rand und inneren Begrenzungen aus Ziegelsteinen, Feldsteinen oder Minipalisaden geben Sie ihm den formalen Rahmen – jedes Segment wird mit der passenden Erde für ein Kraut maßgeschneidert. Durch Diagonalen in Viertel geteilte Quadrate oder Rauten erfüllen denselben Zweck. Sie können auch völlig auf einen festen Rahmen verzichten und die Kräuter in ein einfaches Beet pflanzen, in dem „Hecken" aus Basilikum, Thymian, Weinraute oder Oregano Felder für andere Kräuter schaffen. Kräuter mit besonderen Ansprüchen wachsen nicht im Gartenboden, sondern in versenkten Töpfen, jedes Kraut im optimalen Substrat. Die Ränder der Töpfe verstecken Sie unter Kies oder Rindenmulch. Empfindliche Arten holen Sie zur Überwinterung ins Haus.

Eine besonders attraktive Lösung stellen offene Flächen in Terrassen dar – lassen Sie einfach eine Platte aus oder bauen Sie in ein Holzdeck ein Fach ein. In dieser Lücke wachsen die Kräuter direkt in der Erde, besser jedoch in versenkten Töpfen (mit Zierkies mulchen). Der Duft der aromatischen Kräuter verzaubert Sommerabende auf der Terrasse und der Weg zu nützlichen Küchenkräutern ist sehr kurz. Auch der Platz neben einer Bank kann für Kräuter reserviert werden. Entscheiden Sie sich für Ihre/n Lieblingsduft/-düfte und streichen Sie ab und zu mit Hand über die Kräuter, um sich von dem Aroma umschmeicheln zu lassen.

Im Überblick: Kräuter

Der einjährige Basilikum gibt italienischem Pesto und Pastasoßen das richtige Aroma. Er braucht einen sonnigen Platz und lockeren, humusreichen Boden. Kombinieren Sie im Beet unterschiedliche Sorten mit grünen bis dunkelroten Blättern.

Dill ist nicht nur eine wichtige Zutat von Fischsoßen, er gibt auch Kartoffel- und Gurkensalaten ein zartes Aroma. Mit seinen filigran zerteilten Blätter ist das einjährige Gewürz eine attraktive Erscheinung im Beet.

Kerbel gehört zu den wenigen Kräutern, die auch mit einem halbschattigen Standort und feuchteren Böden zufrieden sind. Äußerlich erinnert er an die Petersilie, schmeckt aber milder zu Suppen, Soßen und Eierspeisen.

Majoran ist optisch – hübsche Blüten im Sommer – wie aromatisch ein Muss im Kräuterbeet. Das einjährige Kraut braucht viel Sonne und einen lockeren Boden. Majoran würzt Geflügel, Hackfleisch und Aufläufe.

Petersilie mit krausen und glatten Blättern ist eine zweijährige Pflanze, die ihre unauffälligen Blütendolden erst im zweiten Jahr bildet. Petersilie bildet ungewöhnliche Beetränder.

Oregano oder Dost ist eine Staude, die sich auf warmen, trockenen Böden in voller Sonne wohl fühlt. Seine Blüten locken Hummeln und Schmetterlinge in den Garten. Er ist winterhart und treibt im Frühling wieder aus.

Pfefferminze (*Mentha × piperita*), Ährige Minze (*M. spicata*) und andere Minzen geben sommerlichen Drinks oder Tees einen frischen Geschmack. Minzen sollten möglichst in einem versenkten Topf wachsen, weil sie wuchern.

Lavendel ist ein mediterraner Halbstrauch, dessen helle, graugrüne Blätter zur Blütezeit von zartblauen bis rosa Blütenständen auf langen Stielen überragt werden. Ideal ist ein kalkhaltiger Boden.

Thymian wird in zahlreichen Sorten angeboten. Alle haben attraktives Laub, hübsche Blüten und duften zart. Die kriechenden Sorten sehen wunderbar in Lücken auf Wegen oder Terrasse, und in den Spalten einer Mauer aus.

Zitronenmelisse gibt sich mit einem Platz im Halbschatten zufrieden, wenn der Boden nährstoffreich ist. Sie gibt Salaten ein zartes Zitronenaroma und gehört zu den schönsten Pflanzen neben einem Sitzplatz.

Obwohl Salbei aus Samen gezogen werden kann, ist der Kauf einer Containerpflanze empfehlenswert. Nur so fallen die Unterschiede der zahlreichen, attraktiven Sorten ins Auge. Salbei braucht lockeren, aber humushaltigen Boden.

Schnittlauch gehört zu den vielseitigsten Küchenkräutern und verdient einen Platz in im Beet, als Wegsaum, in der Kräuterspirale oder im Topf. Schneiden Sie regelmäßig Blätter ab und lassen sie einige Exemplare bis zur Blüte kommen.

Hoch- und Hügelbeete

In Hoch- und Hügelbeeten wird das Bodenniveau in die Höhe versetzt. Beide liefern reiche Ernte auf kleinem Raum. Ist der arbeitsaufwändige Aufbau geschafft, lässt sich die Pflege mit relativ geringem Aufwand bewältigen.

Hochbeete machen auch in Gärten mit schlechteren Böden ertragreichen Gemüseanbau möglich.

Die beiden Formen unterscheiden sich in einigen wesentlichen Punkten:

Hochbeete sind auf eine stabile Begrenzung angewiesen, die stets sichtbar bleibt. Gemüse und Salate wachsen in der Höhe auf einer ebenen Fläche, die Pflanzfläche entspricht also der Grundfläche. Wird das Hochbeet gut sichtbar aufgestellt, sollten die Seiten möglichst attraktiv gestaltet werden – dicke Holzbohlen, Palisaden, Ziegelmauer. Ansonsten reichen stabile Bretter, die von Pfosten gestützt werden. Mit einem Hochbeet können auch Rollstuhlfahrer oder ältere Menschen bequem im Garten arbeiten.

Hügelbeete sind aufwändiger in der Herstellung und nicht so langlebig. Sie werden aufgeschichtet und tragen sich selbst. Die Pflanzfläche ist gewölbt und daher größer als die Grundfläche. Sobald seine Hänge mit Gemüse bepflanzt sind, wird das Hügelbeet zum dichten, grünbunten Blickfang, der sich organisch in die Umgebung einfügt. Daher lassen sich Hügelbeete bestens mit blühenden Stauden oder niedrigen Sträuchern kombinieren.

Sowohl das Hoch- wie das Hügelbeet sind Gemüsegärten im Miniformat. Sie verbrauchen wenig Fläche, stören also nicht die Konzeption des übrigen Gartens, erzeugen aber dennoch die Illusion eines vollwertigen ländlichen (Teil)gartens.

Hügelbeete sind praktisch und attraktiv zugleich, wenn auch in der Anlage arbeitsaufwändiger als ein Beet.

Ein Hochbeet konstruieren

Wie hoch ein Hochbeet sein soll, bleibt der Fantasie des Gärtners überlassen. Nehmen Sie die Höhe Ihrer Küchenarbeitsplatte als Maß, wenn Sie bequem und ohne Bücken arbeiten möchten. Bei niedrigeren Hochbeeten müssen Sie sich zwar bücken, aber sie fallen weniger deutlich ins Auge. Wenn Sie attraktiv eingefasste Hochbeete in zwei bis drei Höhenstufen – vielleicht etwas gegeneinander versetzt oder ineinander greifend – anlegen, präsentieren sich die Pflanzen sehr wirkungsvoll auf mehreren Ebenen: Das Hochbeet wird zum Blickpunkt.

Heben Sie zunächst eine etwa 120 cm breite Fläche etwa spatentief aus (die Länge sollte mindestens 2 m betragen), um eine gute Verbindung zum Boden herzustellen. Gießen Sie für gemauerte Wände ein Fundament und mauern Sie die Wände auf. Auch Wände aus Palisaden, Bohlen oder Brettern werden nun errichtet und an stabilen Pfosten (außen) fixiert. Wer völlig auf Nummer Sicher gehen möchte, kann gegenüber liegende Pfosten mit einer Gewindestange zusätzlich fixieren.

Füllen Sie zuerst grobe Holzabfälle, dann Laub und Stroh ein; obenauf kommen je eine Schicht grober und feiner Kompost.

Ein Hügelbeet konstruieren

Suchen Sie nach einer geeigneten Fläche von etwa 150 cm Breite und beliebiger Länge. Wenn möglich, sollte die Längsachse der Nord-Süd-Richtung nahe kommen. Stechen Sie die Grassoden ab und heben Sie die Fläche etwa spatentief aus. Breiten Sie das Holz, das in den letzten Jahren beim Gehölzschnitt angefallen ist (möglichst grobe Stücke), in Längsrichtung in der Mitte zu einem 30–50 cm hohen und breiten Holzkern aus. Decken Sie die Holzschicht rundum mit den Grassoden, Pappe oder Zeitungspapier ab, sodass der Hügel schichtweise an Höhe und Breite zunimmt. Darüber kommen Laub oder frische Gartenabfälle und dann je eine dicke Lage von grobem (innen) und feinem (außen) Kompost; festklopfen. Wenn der Holzkern nach drei bis vier Jahren zu Kompost verrottet ist, sackt das Hügelbeet in sich zusammen und muss neu aufgeschichtet werden.

Eine bei Biogärtnern beliebte Version, die auf chinesische Tradition zurückgeht, verzichtet auf den Holzkern: Die Erde wird vom Rand des Beetes mit der Hacke in die Mitte gezogen; dabei entsteht eine rundum verlaufende Rille und ein leicht geneigtes Hügelbeet in der Mitte.

Gute und schlechte Nachbarn in der Mischkultur (Auswahl)		
Name	Gute Nachbarn	Schlechte Nachbarn
Bohnen	Rote Bete, Bohnenkraut, Dill, Salat	Erbsen, Zwiebeln, Knoblauch
Erbsen	Dill, Gurken, Kohl	Bohnen, Knoblauch, Porree, Zwiebeln
Gurken	Dill, Bohnen, Erbsen, Salat, Knoblauch, Kohl	Kartoffeln, Radieschen, Tomaten
Kohl	Bohnen, Erbsen, Gurken	Zwiebeln, Senf, Knoblauch, Porree
Möhren	Zwiebeln, Porree, Salat, Schnittlauch, Dill, Erbsen, Knoblauch	
Salat	Bohnen, Erbsen, Gurken, Radieschen, Kohlrabi	Petersilie, Lauch, Sellerie
Sellerie	Porree, Bohnen, Gurken, Kohl	Kartoffeln, Salat
Tomaten	Petersilie, Sellerie, Bohnen, Knoblauch, Zwiebeln, Möhren	Fenchel, Erbsen, Gurken

Die Bepflanzung von Hoch- und Hügelbeeten

Die dichte Nachbarschaft der Pflanzen erfordert eine gute Planung, um das Potenzial von Hoch- und Hügelbeet voll auszuschöpfen. Das Zauberwort heißt Mischkultur. Die Mischkultur basiert auf den gleichen Prinzipien wie die Fruchtfolge. Sie berücksichtigt den Nährstoffbedarf der Pflanzen (Schwach-, Mittel-, Starkzehrer), bezieht aber die nachbarlichen Beziehungen stärker mit ein als die Fruchtfolge.

Die Bepflanzung von Hoch- oder Hügelbeeten erfordert aber keine wissenschaftlichen Vorkenntnisse, sondern – neben dem Wissen um den Nährstoffbedarf der Pflanzen – nur reichlich gesunden Menschenverstand. Im ersten Jahr sollte vorrangig Gemüse angepflanzt werden, das zu den Starkzehrern zählt (siehe S. 38 f.), später wachsen die Starkzehrer in einer Reihe, die gezielt gedüngt werden muss. Kombinieren Sie Pflanzen mit ausladendem Wuchs (z. B. Kohlsorten) neben schmalerem Gemüse (z. B. Möhren) und flach wurzelnde Arten (Salate) mit Tiefwurzlern (z. B. Rettich).

Informieren Sie sich auf den Samenpäckchen, wie lange die Reife dauert und wann die Ernte zu erwarten ist: Gemüse, das lange bis zur Ernte reifen muss (Zwiebeln, Möhren, Kohl) wird mit Sorten kombiniert, die schnell nachreifen und regelmäßig nachgesät werden (z. B. Spinat, Radieschen, Kresse und Kopfsalat). Vor

In einer Mischkultur profitieren die Pflanzen wechselseitig von ihren Nachbarn.

Aus dem Nebeneinander von „echten" Zierpflanzen – sie locken Nützlinge an und schrecken Schädlinge ab – mit Blattgemüse resultieren äußerst attraktive Beete.

allem Radieschen und einige Salatsorten (z. B. Asia-Salate) sind echte Schnellläufer, die rasch eine entstandene Lücke füllen und nach wenigen Wochen schon erntereif sind. Am Rand der Beete und zwischen dem Gemüse wachsen Ringelblumen, Studentenblumen, Kapuzinerkresse und duftende Kräuter (beispielsweise Dill, Bohnerkraut, Kerbel oder Borretsch), um Schädlinge abzuwehren und das optische Erscheinungsbild aufzulockern.

In Sachbüchern über Biogärten und im Internet finden Sie dazu ausführliche Tabellen, manchmal auch Pflanzpläne, welche Pflanzen zueinander passen und welche nicht. Sie sind zwar insbesondere am Anfang Ihrer Gärtnerkarriere wichtig, aber das Austüfteln der perfekten Kombination und der zeitlichen Abfolge der Sorten macht viel Spaß. Schreiben Sie sich auf, mit welchem Muster Sie erfolgreich waren – Ihre Erfahrung wird von Jahr zu Jahr größer. Für den Anfang ein paar Tipps:

- Starten Sie mit Kohl und Sellerie als Hauptkulturen ins Gartenjahr; daneben können Sie Tomaten, Kopfsalat, Radieschen und Kohlrabi säen. Für die Ernte im Herbst säen Sie später (abhängig von Packungsangaben und Erntezeitpunkt der Vorkultur) beispielsweise Feldsalat, Endiviensalat oder Spinat.
- Starten Sie mit Möhren, Porree, Zwiebeln und Knoblauch, gefolgt von verschiedenen Salaten.
- Starten Sie mit Frühkartoffeln neben Spinat, Kohlrabi und Knoblauch und beenden Sie das Gartenjahr mit Grünkohl und Porree, der bis in den Winter geerntet werden kann.

Ländliche Kleinigkeiten

Manchmal reicht schon ein Farbtupfer aus, um das Gartenbild zu bereichern. Mit wenigen, gezielt eingesetzten Pflanzen oder gestalterischen Elementen lässt sich das Leben auf dem Land beschwören – zumindest die Idee davon.

Wem der Mut fehlt, seinen Garten umfassend umzugestalten oder wer weder Platz noch Lust hat, dauerhafte, „ländliche" Einrichtungen in seinen Garten zu integrieren, kann mit minimalen Veränderungen dennoch einen Zipfel von Landleben verwirklichen. Kleine, mehr oder weniger unauffällige ländliche Elemente helfen auch dabei, Familienstreit zu vermeiden, wenn der Wunsch nach einem Bauerngarten & Co. nicht bei allen Familienmitgliedern auf dieselbe Begeisterung stößt.

Es wäre allerdings keine gute Idee, eine alte Pflugschar, einen Brunnen oder bäuerliche Arbeitsgeräte isoliert in den Garten zu stellen und ihm damit einen bäuerlichen Charakter verleihen zu wollen. Solange Schmuckelemente nicht sinnvoll in ein durchgängiges Konzept eingebunden werden, wirken sie wie Fremdkörper und unter Umständen stören sie sogar die Einheit des Gartens. Ein paar fröhliche Hühner, Schweinchen oder andere Tiere – selbstverständlich keine echten – die am Rand des Rasens Körner zu picken scheinen, lösen dagegen ein Lächeln aus und heben die Stimmung. Einen ähnlichen Effekt haben eine Sonnenuhr oder Vogeltränke zwischen Blumenbeeten oder hübsche Töpfe und Pflanzgefäße (siehe unten).

Ein einfacher Zaun und ein Accessoire vom Flohmarkt – mehr braucht es nicht, um Schönheit im Detail zu schaffen.

Naschgarten

Im Naschgarten kommt es nicht darauf an, viele Quadratmeter mit Obstgehölzen zu füllen, sondern einige Sorten in das allgemeine Bepflanzungsschema einzubinden.

Der kleinste mögliche Naschgarten ist ein Erdbeertopf am Rand einer sonnigen Terrasse. Erdbeertöpfe, in der Regel aus Terrakotta, sind bauchige Krüge mit mehreren Pflanztaschen an den Seiten. Topf und Pflanztaschen werden mit leicht saurer Blumenerde gefüllt und die Erdbeeren eingepflanzt. Da das Angebot in den Gärtnereien und Gartencentern wechselt, erkundigen Sie sich am besten nach geeigneten Sorten; gut geeignet sind auf jeden Fall die lange tragenden Monatserdbee-

Die Perlhühner auf der Mauer setzen einen humorvollen Akzent – und kosten keinen Cent Futter.

ren. Erdbeeren („Hängeerdbeeren") wachsen übrigens auch in ganz normalen Blumentöpfen, -kästen und Hängeampeln.

Kaum mehr Platz benötigen Beerensträucher wie Johannisbeeren und Stachelbeeren. Sie können innerhalb einer gemischten Hecke oder im Hintergrund eine Staudenbeetes wachsen. Rote und weiße Johannisbeeren schmecken frisch vom Strauch, während Schwarze Johannisbeeren sich eher für Gelees und Marmeladen eignen – sie haben aber auch Fans. Stachelbeeren sind erst vom Strauch genießbar, wenn sie rot gefärbt sind; die grünen, unreifen Früchte schmecken sehr sauer. Sowohl Johannis- als auch Stachelbeeren sind als Hochstamm lieferbar und sehen in ansprechenden Gefäßen sehr dekorativ aus.

Etwas mehr Platz beanspruchen Brombeeren (es gibt stachellose Sorten) und Himbeeren, weil ihre Triebe an Drähten festgebunden werden müssen. Sie machen sich gut als Begrenzung eines Beetes, als Hecke um einen kleinen Sitzplatz oder um den Komposthaufen zu verstecken.

Mit einem Naschgarten machen Sie vor allem Ihren Kindern eine Freude. Ich kenne allerdings auch keinen Erwachsenen, der nicht gerne im Vorbeigehen einen saftigen Frucht-Snack vom Strauch pflückt.

Dank der großen Auswahl an Sorten und Stammgrößen findet sich für jeden Garten das passende Apfelbäumchen.

Birnen als Spalierobst profitieren von einer wärmenden Mauer. Suchen Sie in Baumschulen nach geeigneten Spaliergehölzen.

Wenn Sie sich einen echten Obstbaum wünschen, sollten Sie etwas mehr Platz einplanen. Außerdem lassen sich Obstbäume nicht verstecken. Die Größe des Baumes ist heute (fast) kein Ausschlusskriterium mehr, da Edelobst auch auf schwachwüchsige Unterlagen gepfropft wird. Fragen Sie in Baumschulen und Gärtnereien nach kleinwüchsigen Formen, wie Spindelbüschen oder Halbstämmen; dort wird man Sie auch beraten, ob die gewünschte Sorte selbstbefruchtend ist oder einen Bestäubungspartner braucht. Stellen Sie für die Entscheidung Ihren Fruchtgeschmack ganz oben an – immerhin wollen Sie die Früchte aus Ihrem Naschgarten genießen!

Vielleicht helfen Ihnen einige Hinweise: Apfelbäume haben eine besonders schöne und üppige Blüte und die Zahl der geernteten Früchte bleibt überschaubar. Was Sie nicht gleich verzehren, kann im Keller gelagert werden. Bei Birnen müssen Sie für den vollen Genuss die richtige Erntezeit abpassen. Birnen können nicht gelagert werden. Kirschen blühen ähnlich attraktiv wie Apfelbäume, die Ernte ist wegen der zahllosen Früchte allerdings aufwändiger. Auch Kirschen sind nicht lagerbar, lassen sich aber mit einem gewissen Aufwand (entsteinen, einzeln einfrieren, abpacken) einfrieren. Pfirsiche blühen früh und sehr attraktiv mit zart- bis dunkelrosa Blüten und die Früchte schmecken köstlich. Leider stellt sich die wirkliche Freude an einem Pfirsichbaum nur ein, wenn Sie in einer klimatisch günstigen Region wohnen. Als Faustregel gilt: Überall dort, wo Wein gedeiht, wachsen auch Pfirsichbäume. Die Gruppe der Pflaumen, Aprikosen, Mirabellen und Renekloden stellt geringere Ansprüche. Ihre Blüte ist nicht ganz so spektakulär und die reifen Früchte fallen in großer Menge zur gleichen Zeit an; ihre Ernte muss wie bei den Kirschen gut organisiert werden.

Einen optimalen Kompromiss zwischen Ästhetik und Nutzung stellen Spalierobstbäume dar. Äpfel, Aprikosen, Birnen, Kirschen, Pfirsiche, Pflaumen und Quitten eignen sich als Spalierobst. Im Idealfall wachsen die Bäume vor einer besonnten Mauer; die Zweige werden an einem stabilen Holz- oder Drahtgitter befestigt. Bei einem Spalier kommt es darauf an, die Seitenzweige beim Austrieb in eine bestimmte Form zu bringen („formieren" und schneiden). Spalierobst ist schön aber ziemlich arbeitsaufwändig, weil die Triebe regelmäßig und nach einem festen Schema beschnitten werden müssen. Manche Baumschulen bieten bereits formierte Bäumchen an, andernfalls sollten Sie sich beim Kauf informieren oder in der örtlichen Presse nach praktischen Kursen im Obstbaumschnitt suchen.

Beim *Kordon* zweigen vom senkrechten Hauptstamm waagerechte Seitenzweige ab; beim ähnlichen *U-Spalier* gehen die Seitenzweige von zwei senkrechten Hauptstämmen ab; *Palmetten* sind komplizierte Spaliere, bei denen die Seitenzweige zunächst waagerecht, dann senkrecht formiert werden. Sie decken, ähnlich wie ein *Fächerspalier* (schräg abgehende und weiter verzweigte Seitentriebe), eine Wand fast vollständig ab.

Johannisbeeren sind ideale Obststräucher für kleine Gärten, da sie sowohl als Solitäre als auch in einer Hecke wachsen.

Im Überblick: Obst und Beerensträucher

Die Zeiten, als Apfelbäume viele Meter hoch wurden, sind vorbei. Viele der neuen Sorten sind hervorragend für kleine Hausgärten geeignet – von Spindelbüschen bis zu Spalierapfelbäumen.

Birnen werden selten im Garten gepflanzt, obwohl es kaum etwas Köstlicheres gibt, als eine frisch vom Baum gepflückte, saftige Birne. Auch Birnen sind als Spindelbüsche, Halbstämme oder Spalierobst lieferbar.

Die stachellosen Sorten der Brombeere machen diesen Strauch für Familien mit Kindern interessant – sie dürfen die Früchte direkt vom Strauch in den Mund ernten. Brombeeren werden an einem Drahtspalier erzogen.

Auch Himbeeren müssen an Spanndrähte gebunden und die alten Triebe jedes Jahr nach der Ernte bis zum Boden zurück geschnitten werden. Die vitaminreichen Früchte schmecken köstlich süß.

Rote Johannisbeeren brauchen viel Sonne und nährstoffreichen Boden, um reichlich zu tragen. Wenn die jeweils ältesten Triebe abgeschnitten werden, bleibt der Strauch gesund und behält eine lockere Wuchsform.

Schwarze Johannisbeere vertragen etwas mehr Schatten als ihre rotfrüchtigen Vettern; die Beeren sind ungewöhnlich reich an Vitamin C. Der Geschmack der Beeren ist nicht jedermanns Sache, doch als Gelee, Marmelade oder Kuchen sind sie unschlagbar.

Sauerkirschen (Schattenmorellen und andere) sind anspruchslose Buschbäume mit kleiner Krone und auch deswegen gut für kleine Gärten geeignet, weil sie keine Bestäubungspartner brauchen.

Grüne, halbreife Stachelbeeren werden zu Kompott gekocht oder als Tortenbelag gegessen. Lassen Sie einen Teil der Früchte ausreifen, bis sie dick, saftig und rot sind – köstlich! Hochstämme sehen paarweise hübsch als „Eingang" in einen Weg aus.

Für Erdbeeren ist wirklich überall Platz – eine Ecke in einem sonnigen Beet, auf Hügelbeeten, in speziellen Erdbeertöpfen oder einfachen Blumentöpfen. Ausweg aus der Sortenvielfalt liefert eine gute Beratung.

Bei der Suche nach einem Obstbaum sind Quitten selten die erste Wahl – das ist ein Fehler. Die Bäumchen sind Selbstbestäuber, anspruchslos, wachsen kompakt und liefern goldgelbe Früchte mit intensivem Duft, die zu Marmelade oder Gelee verkocht werden.

Pflaumen, Zwetschen, Mirabellen sind Sorten von *Prunus domestica*, sie werden als Halbstämme (Stammhöhe ohne Krone 1–1,50 m) oder größer angeboten, brauchen Platz. Für guten Fruchtansatz sind sie auf einen Bestäubungspartner angewiesen.

Gemüse & Co. im Beet

Maximalen Erfolg mit wenig Aufwand versprechen Gemüse- und Salatpflanzen im Blumenbeet. Bei diesem Konzept werden sie als Blattschmuckpflanzen betrachtet, die in Farbe und Form mit den Stauden harmonieren oder bewusste Kontraste setzen. Gemüse und Salate bleiben bis zur Vollreife zwischen den Blumen im Beet stehen, dann werden Sie geerntet.

Die Kopfkohlsorten (Weiß-, Rot-, Spitzkohl und Wirsing) eignen sich wegen ihrer kompakten Wuchsform und mittleren Höhe als Randbepflanzung, als Inseln oder um Schwünge durch das Beet zu ziehen. Besonders interessante Farbeffekte liefern die Zierkohlsorten (auch sie sind essbar). Nach den ersten Nachtfrösten färben sich ihre Blätter in roten bis violetten Tönen und werden zu perfekten Partnern für spät blühende Astern.

Blumenkohl und Brokkoli (vor allem die lilafarbigen Sorten) bilden, gruppenweise mit einjährigen Sommerblumen im vorderen Bereich der Beete, ungewöhnliche, sogar witzige Blickfänge. Blumenkohl ist ab dem Frühsommer, Brokkoli im Sommer reif; durch gestaffelte Saat können beide bis in den Herbst hinein geerntet werden.

Gemüsesorten mit farbigen Blättern werden im Beet wie Blattschmuckstauden verwendet (die Vorkultur der Sämlinge vermeidet Leerstellen).

Der Star unter dem Gemüse im Beet ist jedoch eindeutig der Mangold. Es gibt Sorten mit roten ('Ruby Chart'), gelben ('Benary's Riesen Goldgelb') und weißen ('White Silver') Blattstielen. Die Sorte 'Bright Lights' wächst mit gelben, orange bis roten Blattstielen aus. Die Farben leuchten so intensiv, dass sie genau auf die blühenden Blumen abgestimmt werden müssen. Das eigentliche Blatt ist tiefgrün und attraktiv gefaltet und gewellt. Mangold kann blattweise von außen nach innen geerntet werden, bleibt im Beet also lange erhalten.

Als Blattschmuck besonderer Art zeichnen sich Dill und Fenchel aus. Ihre graugrünen Blätter sind zu nadelfeinen, filigranen Abschnitten umgeformt, die zwischen gelben und roten Blüten bestens zur Geltung kommen, ohne dominant zu wirken – die Wirkung ähnelt dem Schleierkraut. Dill wird bis 1 m hoch, der Fenchel sogar noch höher. Sie passen sehr gut in den Mittel- oder Hintergrund eines sonnigen Blumenbeetes zwischen höhere Blumen.

Salate kommen am besten im Vordergrund oder als Drift zwischen höheren Stauden zur Geltung. Im Blumenbeet sollten Sie mindestens drei, in großen Beeten fünf bis sieben Salatköpfe in einer Gruppe pflanzen, denn ein einzelner Salatkopf könnte in der Blütenpracht untergehen. Entscheiden Sie sich für bunte Sorten, die nicht als Kopf, sondern in Form einzelner Blätter geerntet werden (Pflück- und Schnittsalate). Die bekanntesten Formen mit attraktiv gekräuselten Blättern in leuchtenden Farben sind der rote Lollo rosso, der grün-gelbe Lollo bionda oder der rote und gelbe Eichblattsalat. Mit attraktiven Blättern überzeugen auch Endiviensalat, Radicchio oder Rucola.

Kultivieren Sie die Salate unter Glas oder im Zimmer vor und setzen Sie die Jungpflanzen nach dem Vergehen der Zwiebel- und Knollenpflanzen an deren Stelle ins Beet. Selbstverständlich können Salate auch direkt ins Beet gesät werden, doch dann blicken Sie mehrere Wochen auf leere Stellen.

Die vorgestellten Beispiele zeigen nur einige der vielen Möglichkeiten auf. Sobald Sie sich von der Vorstellung lösen, dass Gemüse und Salat jeweils ein eigenes Beet brauchen, ergibt sich ein weites Feld für fantasievolle Arrangements. So lange Sie darauf achten, dass die Blumen, Gemüse, Salate und die diversen Küchenkräuter dieselben Ansprüche an Boden und Licht stellen, wird jede Kombination gelingen, die Ihnen gefällt!

Rote Bete, purpurblättriges Basilikum, gelbstieliger Mangold, Palmkohl... die Liste der Gemüse mit Zierpflanzencharakter ist lang.

Service

Bezugsquellen

Staudengärtnereien

Lausitzer Pfingstrosen
Heilstaettenweg 2b
03099 Kolkwitz
www.pfingstrosen.com

Pfingstrosengärtnerei
Wallwitzer Str. 48
06193 Nauendorf
www.pfingstrosengaertnerei.de

Foerster-Stauden GmbH
Am Raubfang 6
14469 Potsdam-Bornim
www.foerster-stauden.de

Mansaku
Bergkoppelweg 23
22335 Hamburg
paeonia.mansaku.de

Staudengärtnerei Wichmann
Wallweg 1
26215 Wiefelstede
www.stauden-wichmann.de

Friesland Staudengarten
Husumer Weg 16
26441 Jever/Rahrdum
www.friesland-staudengarten.de

Staudengärtnerei Mühring
Hauptstraße 167
26810 Westoverledingen-Völlenerfehn

Juttas Staudengarten
Königstraße 13
26835 Holtland
www.juttas-staudengarten.de

Schachtschneider Stauden
Kirchhatter Straße 14
27801 Neerstedt/Oldb.
www.schachtschneider-stauden.de

Pöppel-Stauden
Hauptstr. 95
28816 Stuhr-Seckenhausen
www.poeppel-stauden.de

Staudenkulturen Eskuche
Am Söhnholz
29664 Osternholz
www.stauden-eskuche.de

Staudengärtnerei Zinser
Burgwedeler Str. 18
30916 Isernhagen
www.stauden-zinser.de

Stauden Junge
Seeangerweg 1
31787 Hameln
www.stauden-junge.de

Paeonien Paradies Stephan Tetzlaff
Kleinenbroicher Str. 85
41352 Korschenbroich

Hortvs Peter Janke Gartenkonzepte
Hochdahler Straße 350
40724 Hilden
www.peter-janke-gartenkonzepte.de

Arends Maubach
Staudengärtnerei & Gartenkultur
Monschaustraße 76
42369 Wuppertal
www.arends-maubach.de

Gärtnerei Picker
Eschwiese 2
46325 Borken-Weseke
www.garten-picker.de

Staudenkulturen Stade
Beckenstrang 24
46325 Borken-Marbeck
www.stauden-stade.de

Stauden Becker GmbH
Försterstraße 42
46539 Dinslaken
www.stauden-becker.de

Schöppinger Irisgarten
Bürgerweg 8
48624 Schöppingen

Hochheimer Staudengarten
Nordenstädter Str. 90
65239 Hochheim/Main

Paeonien Garten
Am Steinweg 11
60437 Frankfurt
www.paeoniengarten.de

Odenwälder Staudenkulturen
Kayser & Seibert
Wilhelm-Leuschner-Strasse 85
64380 Rossdorf
www.kayser-und-seibert.de

Staudengärtnerei Eidmann
Groß-Umstädter-Straße 20
64823 Groß-Umstadt/Semd
www.staudengaertnerei-eidmann.de

Staudengärtnerei Kirschenlohr GbR
Im Lammsbauch 29
67346 Speyer
www.stauden-kirschenlohr

Syringa
Bachstr. 7
78247 Hilzingen-Binningen
www.syringa-samen.de

Ewald Hügin
Zähringerstr. 281
79108 Freiburg
www.gaertnerei-huegin.schlepprock.de

Staudengärtnerei Gräfin von Zeppelin
Weinstraße 2
79295 Sulzburg-Laufen
www.graefin-von-zeppelin.de

planwerk Garten & Umwelt (Hosta)
Volker Eschenbach Esbaum 2
83358 Seebruck
www.hostaversand.eu

Staudengärtnerei Extragrün
Am Anger 6
85356 Freising
www.staudengaertnerei-extragruen.de

Jennifers Garten
Pfullendorfer Straße 1
88630 Pfullendorf- Otterswang
www.jennifers-garten.de

Staudengärtnerei Gaißmayer
Jungviehweide 3
89257 Illertissen
www.gaissmayer.de

Stefan Strasser
Am Europakanal 40
91056 Erlangen
www.lilien-strasser.de

Bäuerlein's Grüne Stube
Haselweg 18
93077 Bad Abbach-Peising
www.baeuerleins-gruene-stube.de

magic garden paeonies
Sagmühle 4
94137 Bayerbach
www.paeonies.com

Österreich
Pfingstrosengarten Miely
Uttenthal 4
A 4611 Buchkirchen
www.paeoniamiely.com

Sarastro-Stauden
Inh. Christian Kreß
A-4974 Ort im Innkreis 131
www.sarastro-stauden.com

Schweiz
Frikarti Stauden AG
Kirchhaldenstr. 3
CH-6264 Pfaffnau
www.frikarti.ch

Rosenschulen
Rosarot Pflanzenversand
Gert Hartung
Besenbek 4b
25335 Raa-Besenbek
www.rosenversand24.de

W. Kordes' Söhne
Rosenschulen GmbH & Co KG
Rosenstraße 54
25365 Klein Offenseth-Sparrieshoop
www.gartenrosen.de

Rosenwelt Tantau
Tornescher Weg 13
25436 Uetersen bei Hamburg
www.rosen-tantau.de

Noack Rosen
Im Waterkamp 12
33334 Gütersloh
www.noack-rosen.de

Rosenhof Schultheis
Bad Nauheimer Straße 3-7
61231 Bad Nauheim-Steinfurth
www.rosenhof-schultheis.de

Rosen-Union eG
Steinfurther Hauptstr. 27
61231 Bad Nauheim-Steinfurth
www.rosen-union.de

Lacon GmbH
J.-S.-Piazolo Straße 4a
68766 Hockenheim
www.lacon-rosen.de

Landhaus Ettenbühl
Hof Ettenbühl
79415 Bad Bellingen
www.Landhaus-Ettenbuehl.de

Belgien
Lens Roses
Redinnestraat 11
B-8460 Oudenburg
www.lens-roses.com

Dänemark
Poulsen Roser A/S
Kratbjerg 332
DK-3480 Fredensborg
www.poulsenroser.dk

Frankreich
Pépnières et Roseraies Georges Delbard
9, route de Commentry
F-03600 Malicorne
www.delbard.com

Großbritannien
David Austin Roses Ltd
Bowling Green Lane, Albrighton
Woverhampton WV7 3 HB
www.davidaustinroses.com

Register

Bildnachweis

Mit 191 Farbfotos von

Flora Press Agency, Hamburg (16):

/Botanical Images 116 Mi li

/Floral Inspirations 40 Mi re

/Nova Photo Graphik/ 41 Mi li, 41 u re, 117 Mi li

/Otmar Diez 104 alle 3

/Helga Noack 2/3

/The Garden Collection/Andrew Lawson 15

/The Garden Collection/James Kerr 77

/The Garden Collection/Jonathan Buckley 10 li

/The Garden Collection/Nicola Stocken Tomkins 80

/Tim Gainey 116 Mi re

/Visions 82, 87 u

Gartenschatz, Stuttgart (68): S 34 alle 6, 35 alle 5, 40 Mi li, 40 o li, 40 o re, 40 u li, 40 u re, 41 Mi re, 41 o li, 41 o re, 62 alle 5, 63 alle 5, 72 alle 6, 73 Mi beide, 73 o li, 73 u beide, 86 alle 6, 87 o beide, 106 alle 6, 107 alle 6, 110, 114 li, 116 o li, 116 o re, 116 u li, 117 u re, 127

GBA/Nichols / Friedrich Strauß (4): 5 li, 65 o, 68/69, 71

GBA/Perdereau / Friedrich Strauß (1): 68

Mauritius Images, Mittenwald (8):

/Andrea Jones/Garden Exposures Photo Library 69

MI/AGE/Mauritius 9

MI/Garden World Images 33 li, 48, 94

MI/Garden World Images/Stacy Bass 20, 79 o

MI/Garden World Images/Steffen Hauser 76

Volker Michael, Baesweiler (41): 4 (Elisabeth Imig & Silke Imig-Gerold, Bedburg-Hau, D), 11 ('Huys de Bong', André Zwinkels, Baarlo, NL), 12 ('Romantische Tuin', Nel & Theo Verheggen, Lottum, NL), 14 (Privatgarten Verona Michael, Baesweiler-Setterich, D), 22 (Lineke Oldenhuis, Zwolle, NL), 24 ('Den Bosrand', Christ & Dirk De Coster-Bernard, Lembeke, B), 26 ('Huys de Dohm', Ineke Greve, Heerlen, NL), 27 (Agnes & Max Laufens, Heinsberg, D), 29 o ('Tuinen Mien Ruys', Dedemsvaart, NL), 30 o (Privatgarten Verona Michael, Baesweiler, D), 30 u (Gisèle & Daniel De Spae-Van Dichel, Evergem, B), 32 (Roos Terwan-Derksen, Kapellen, Belgien), 33 re ('De Tuinerie', Ali Stoffers & Jan Hessels, Slochteren-Kolham, NL), 45 ('De Wiedenhof', Leo & Suzanne Laureys-Wynter, Vrasene-Beveren, B), 46/47 (Fam. Steenweg, Schellinkhout, NL), 50 (Elisabeth Imig & Silke Imig-Gerold, Bedburg-Hau, D), 51 ('Romantische Tuin', Nel & Theo Verheggen, Lottum, NL), 53 ('De Horne', Riet & Jean Vanormelingen-Sweelssen, Heers-Vechmaal, B, Design: Dina de Ferme), 57 ('De Tuinerie', Ali Stoffers & Jan Hessels, Slochteren-Kolham, NL), 58 ('De Tuin van Maurice', Maurice Vergote, Oostkamp, B), 59 ('Kexby House', Herbert & Jenny Whitton, Gainsborough, GB), 60/61 (Elisabeth Imig & Silke Imig-Gerold, Bedburg-Hau, D), 64/65 ('Marigold Cottage Garden', Stephanie Lee, Sutton-on-Sea, GB), 66 (Privatgarten Verona Michael, Baesweiler-Setterich, D), 67 o (''t Goede Gevoel', Griet Mertens, Westerlo-Oevel, B), 74/75 (''t Goede Gevoel', Griet Mertens, Westerlo-Oevel, B), 79 u (Elie &w Dianne Indeherberg- Zeelmaekers, Zolder, B), 81 o ('Op een Berg', Corry Broekx, Bree, B, Design: Dina de Ferme), 81 u ('Huys de Dohm', Ineke Greve, Heerlen, NL), 84 ('De Tuin van Maurice', Maurice Vergote, Oostkamp, B), 85 ('Broughton Grange Garden', Broughton, GB), 88/89 beide (''t Verzonken Gazon', Ronny & Els De Ketele - De Waele, Kruishoutem, B), 90 (Nettie & Piet Kokke, Groede, NL), 92/93 beide (Privatgarten Verona Michael, Baesweiler-Setterich, D), 96 (Nettie & Piet Kokke, Groede, NL), 97 (Dina Deferme, Stokrooie, B), 105 ('Willow Cottage', Kathleen & Dirk Vandenberghe-Dobbels, Merelbeke, B), 108 (Rita & Michael Wiese, Aachen, D), 113 ('Huys de Dohm', Ineke Greve, Heerlen, NL)

Marion Nickig, Essen (10): 5 re, 8, 18 o, 18 u, 29 u, 37, 83, 98/99, 103, 109

Reinhard Tierfoto/Hans Reinhard, Heiligkreuzsteinach-Eiterbach (6): 38, 70 re, 87 Mi li, 102, 111, 115,

Reinhard Tierfoto/Nils Reinhard, Heiligkreuzsteinach-Eiterbach (1): 119

Roland Spohn, Engen (4): 116 u re, 117 o beide, 117 u li

Friedrich Strauß, Au, Hallertau (3): S 10 re, 25, 101

Annette Timmermann, Kalübbe (29): 1, 6/7, 16/17, 19, 21 li, 21 re, 23, 28, 31, 41 u li, 42, 43, 44, 49, 52, 54, 55, 56, 67 u, 70 li, 73 o re, 78, 87 mi re, 91, 95, 100, 112, 114 re, 118

Impressum

Umschlaggestaltung von petrinidesign, München unter Verwendung zwei Fotos von GBA/Perdereau / Friedrich Strauß (Vorderseite) und Annette Timmermann, Kalübbe (Rückseite).

Mit 191 Farbfotos

Unser gesamtes lieferbares Programm und viele weitere Informationen zu unseren Büchern, Spielen, Experimentierkästen, DVDs, Autoren und Aktivitäten finden Sie unter www.kosmos.de

Gedruckt auf chlorfrei gebleichtem Papier

ISBN 978-3-440-13472-6
Projektleitung: Kullmann & Partner GbR/Dr. Folko Kullmann
Gestaltungskonzept: petrinidesign/Daniela Petrini, München
Gestaltung und Satz: Kullmann & Partner GbR/Kristijan Matic
Produktion: Jürgen Bischoff
Printed in Italy / Imprimé en Italie

MIX
Papier aus verantwortungsvollen Quellen
FSC www.fsc.org
FSC® C023164

PURE VIELFALT ERLEBEN

Für träumende Städter und anpackende Landsleute – Natur genießen

Ute Ochsenbauer • Susanne Bruns
Landleben genießen
204 Seiten, 356 Abbildungen, €/D 24,95

Die Sehnsucht nach dem Leben auf dem Land, der Wunsch nach Ruhe, Platz und Erdverbundenheit sind groß. Wie wäre es mit selbst gemachter Marmelade wie zu Omas Zeiten? Oder eigenen Kräutern auf der Fensterbank? Dieses Buch bringt ländliches Flair ins Haus: von Apfelkuchen und Sitzecken, Bauerngärten und Kaninchen halten, Nasch-garten und Vogelhäuschen oder eine eigene Hühnerschar hinterm Haus.

Simone Kern
Der neue Naturgarten
144 Seiten, 240 Abbildungen, €/D 19,95

Zu Gast in der Natur zu sein und sich selbst als Teil der lebendigen Natur zu erleben, danach sehnen sich viele Menschen. Wohl auch aus diesem Grund erleben Naturgärten heute eine Renaissance. Dieses Buch zeigt zahlreiche Beispiele für pflegeleichte und schöne Gärten, Sitzplätze zwischen Sonnenhut und Chinaschilf im Präriegarten, Topfideen im Schatten und stille Teich-Oasen zum Entspannen.